Fallstricke in der Psychotherapie

- ✓ erkennen
- ✓ vermeiden
- ✓ Prüfung bestehen

Claudia J. Schulze

BOD Norderstedt © Dr. Claudia J. Schulze

Bilder von Klára Sedlo, Prag

Lektorat: Phillo, Leipzig, 2019

ISBN: 9783743165595

„Die Normalität ist eine gepflasterte Straße; man kann gut darauf gehen - doch es wachsen keine Blumen auf ihr."

(Vincent Willem van Gogh)

Zur Orientierung

Es besteht, parallel zu diesem Lernheft, eine Version in **Großdruck**. Diese ist besonders für Menschen mit Sehproblemen gedacht und wurde von BOD gelayoutet und lektoriert. Zugleich befindet sich in dieser Version die Möglichkeit Fragen direkt im Anschluss gleich im Lernheft niederzuschreiben. (Selbstkontrolle) Die meisten meiner bisherigen Leser wussten das sehr zu schätzen, andere wiederum lehnten es ab. Weder der Großdruck noch die Zeilen, auf denen man eigenes Wissen überprüfen kann, haben eine Auswirkung auf den Preis. Meine Marge ist sehr gering angesetzt. Es geht mir bei diesem Buch vor allem um einen Beitrag zum Verständnis dieses komplexen Berufs. Der Großdruck eignet sich aber auch für Menschen ohne Sehprobleme. Manche Menschen bevorzugen diese große Schrift z.B. aus lerntheoretischen Gründen. Man könnte sagen, dass es „Typ Sache" ist. Daher gibt es die Möglichkeit beide

Versionen zu erhalten. Bitte die „Blick ins Buch"-Funktion hierzu nutzen. Geplant ist auch eine Hör-Version. Ich schicke Ihnen, auf Wunsch zusätzlich eine Word-Datei zu, in der Sie die Schriftgröße selbst bearbeiten können. Das Buch / Heft arbeitet mit zahlreichen Querverweisen. Auf den ersten Blick könnte man dies für unübersichtlich halten, da es eher ein komplexes „Lern-Netz" darstellt als eine hierarchische Gliederung. M.E. ist das *Lernnetz* sehr wichtig. Da Sie sicherlich auch andere Bücher als dieses hier lesen, und in den anderen Büchern vermutlich hierarchisch vorgegangen wird, können Sie so, nach und nach, ein in sich vernetztes, profundes und wertvolles Fachwissen ansammeln. Ich kombiniere hier ganz bewusst emotionale mit kognitiven Inhalten. Dieses Vorgehen stammt aus den Neurowissenschaften und hat sich, auch in meiner Praxis immer wieder sehr bewährt. Anregungen und Kritik stehe ich sehr offen gegenüber. Für Ihre Prüfung wünsche ich Ihnen viel Erfolg.

INHALT:

I Allgemeines / Überblick und Orientierung

Wichtige Primär- und Sekundärliteratur **(S. 11-33)**

Therapeutische Schulen **(S.34-41)**

II Risiken und Chancen von Psychotherapie

Risiken von Psychotherapie **(S.42-43)**

Verschlechterungen durch Psychotherapie **(S.44-48)**

Gegensteuerung **(S. 49-50)**

Risikofaktoren: Psychopharmaka **(S. 50-54)**

Möglicher Ablauf der Prüfungssituation **(S. 54-63)**

Voraussetzungen, damit eine Psychotherapie überhaupt eine Chance auf Erfolg hat? **(S. 64-68)**

III Befunderhebung, Erste Hilfe und Notfälle

Der psychopathologische Befund **(S. 68-72)**

Möglicher Ablauf einer Therapie **(S. 73-76)**

Schwierige Situationen in der Einzelsituation **(S. 77-87)**

Sonderfall Suizid (S. 88-98)

Schwerpunkt: Hinweise zur Exploration von Suizidgedanken
Enthält auch das Präsuizidales Syndrom nach Ringel/ Hinweise zur Exploration von Suizid-Gedanken / Suizidales Achsensyndrom nach Mitterauer **/** Vulnerabilitätsmodell
Statistiken **/** Beispiel für ein „Nicht-Suizid-Abkommen"

Probleme im zwischenmenschlichen Bereich **(S. 99-101)**

Psychiatrischer Notfall (S. 101-107)

Schwierige Situationen in der Gruppe / Gruppenleitung

Soziale Kompetenzen

Interaktion

(S. 108-112)

IV Gesetzeskunde und Ethik-Richtlinien

Auszug aus dem Heilpraktikergesetz (S. 113-114)

Ethik – Richtlinien (S. 115-116)

Sorgfaltspflicht,

Verantwortung,

Pflicht zur Dokumentation,

Umgang mit und Speicherung von Daten,

Schweigepflicht,

Kollegialität.

V Weiterführende Hinweise für HP-Anwärter

Umgang mit Nervosität und Prüfungsangst (S. 117-124)

Stressimpfungstraining nach Meichenbaum mit kurzem Hinweis auf AT und Progressive Muskelrelaxation (Beide Methoden bitte ausführlicher recherchieren und, wenn möglich mindestens sechs Wochen selbst konkret anwenden).

VI Abschluss

Literarische/ Biograph. Beispiele, Ressourcen (S.125-128)

Therapiemanuals, Infos für Berufsanfänger und Sonstiges

(S. 129-131)

Kontakt bei Rückfragen

(S. 132)

Vorwort

Das erfolgreiche Bestehen der Überprüfung zum Heilpraktiker/ *in* (Psychotherapie / HPP) erfordert ein besonders fundiertes Wissen über sehr komplexe, systemische, medizinische Zusammenhänge, die zu möglichen psychischen Erkrankungen führen können. Auch wird ein hinreichendes, inhaltlich fundiertes Wissen über die wichtigsten therapeutischen Schulen, über ihre Vertreter und natürlich auch über ihre sie definierenden Vorgehensweisen eingefordert. Nach meiner ganz persönlichen Erfahrung wird bei der Vorbereitung in den einschlägigen Werken zur Vorbereitung auf diese Prüfung jedoch zu wenig Wert auf die Inhalte über den genauen, konkreten Ablauf, die Rahmenbedingungen und aber gerade auch die zahlreichen möglichen Risiken von Psychotherapie gelegt. Jedoch wird gerade das – meiner Meinung nach auch völlig zurecht- immer häufiger Gegenstand der (vor allem) mündlichen Amtsarzt Prüfungen.

Daher möchte ich mit diesem Buch diese wichtige Lücke schließen.

Selbstverständlich ersetzt die Lektüre dieses Buches nicht das weiterführende, genaue inhaltliche Studium der entsprechenden medizinischen, psychiatrischen und psychologischen Fachliteratur, oder gar eine mehrjährige psychotherapeutische Ausbildung.

Es soll lediglich einige wichtige inhaltliche Hinweise zur amtsärztlichen Überprüfung geben. In Ihrem eigenen Interesse und im Interesse Ihrer Patienten sollten Sie dieses Wissen nur als eine Anregung zur weiteren Vertiefung begreifen.

Es soll also um die konkrete Prüfung und die optimale Vorbereitung in Bezug auf eine ganz spezifische Frage gehen. Meiner Erfahrung nach taucht eben diese Frage plötzlich, und zunächst relativ unvermutet, immer wieder auf und führt häufig zum Scheitern während der Prüfung. Daher habe ich besonders der Beantwortung dieser (oder vergleichbarer) Fragen ein kleines Übungsbuch gewidmet. Hier können Sie sich selbst überprüfen und sehen wo noch Lücken sind.

Dies bedeutet jedoch nicht, dass Sie die anderen Prüfungsinhalte getrost vernachlässigen können, was sicherlich klar ist. Auch hier kann ich Ihnen bestens geeignete Vorbereitungsliteratur empfehlen. (Siehe dazu die Literaturliste). Sie besteht dabei sowohl aus wissenschaftlich abgesicherten Ansätzen, als auch aus Erfahrungsberichten. Ich empfehle Ihnen sich diese Literatur zu beschaffen, und auch anhand dieser Literatur die Aufgabenstellungen hier in diesem Lern- und Arbeitsbüchlein zu bearbeiten.

Das Kompaktwissen bezieht sich hier explizit auf die „*Fallstricke*" in der Psychotherapie.

Es ist hierbei keine Zusammenfassung im Sinn eines allumfassenden Vorbereitungsskripts. Dies wäre in dem Umfang selbstverständlich nicht zu leisten. Eher geht es um „Erste-Hilfe"-Maßnahmen, die über einen rein notfallmedizinischen Zusammenhang weit hinausgehen. Der Schwerpunkt liegt darauf, wie man in der Praxis auf schwierige Situationen reagiert. Das können zwar auch klassische Notfallsituationen sein, aber auch sonst. Probleme im therapeutischen Prozess. Diese spezifischen Fragestellungen tauchen immer häufiger gerade im Rahmen mündlicher Überprüfungen auf. <u>Daher spricht dieses Buch darüber was schief gehen kann. Auf dass in Ihrer Prüfung diesbezüglich eben nichts mehr – oder weitaus weniger - schief gehen kann!</u> Sicherlich ist dies natürlich durchaus auch berechtigterweise so. Bedenken Sie, dass der von Ihnen angestrebte Beruf eine große Verantwortung beinhaltet. Mit dieser Verantwortung lässt sich auch die oft beklagte *„Strenge"* der Prüfer und Prüferinnen erklären. Daher: Nehmen Sie das bitte nicht persönlich. Die Prüfer wollen Ihnen nicht persönlich schaden. Andere Kriterien sind da vorrangig. Z.B. müssen sie sicher gehen, dass das Wissen, welches letztlich zu einem sicheren und zu einem darüber hinaus verantwortungsbewussten, professionellen Handeln befähigen soll, vorhanden (und auch unter Stress abrufbar) ist. Das Buch hier richtet sich auch an Berufsanfänger auf dem Gebiet der Psychotherapie für Heilpraktiker und / oder für Psychologische Beraterinnen oder ähnliche, verwandte Berufsbilder. Sicherlich kann es dabei leider nur einen sehr kleinen Ausschnitt streifen. Doch von diesem ausgehend, kann vieles erschlossen und selbst weiter erarbeitet werden. Diese Lektüre soll Sie in erster Linie auf eine Prüfung vorbereiten. Mindestens ebenso wichtig wie die Lektüre ist die eigene, tiefe Auseinandersetzung in schriftlicher und mündlicher Form. Halten Sie ruhig Monologe und beantworten Sie fiktive Fragen der Prüfer vorab. Nehmen Sie sich dabei ruhig mit einem Mikrofon auf. Nutzen Sie Lernpartner oder Freunde, die Ihnen gezielt Fragen stellen. Sie sollten jede Möglichkeit zum Üben wahrnehmen. Selbst wenn Sie sich in jeder freien Minute gedanklich an den Fragen abarbeiten. Schreiben Sie daher ihre Antworten auch auf, verbessern und korrigieren Sie diese. So können Sie Schritt für Schritt in die Thematik hineinwachsen. Das reine Wiedergeben und Wiederkäuen von Fakten wird Ihnen vermutlich nicht helfen. Eine intensive persönliche Auseinandersetzung ist gefragt. Um Missverständnissen vorab vorzubeugen: Es handelt sich hier vorliegend um ein Übungsbuch. Vieles wird Ihnen vertraut erscheinen. Sie sollen es aber hier bitte in eigenen Worten wiedergeben. Daher habe ich den Platz für die Notizen eingefügt. Erst in dem Augenblick, in dem ein Gedanke schriftlich fixiert und / oder mündlich aufgesagt wird, gewinnt er auch innerlich für Sie an Konturen. In der Prüfung stellt es eine persönliche Sicherheit für Sie dar, wenn Sie Ihre Gedanken nicht ohne Generalprobe zum ersten Mal formulieren müssen. Ich wurde dafür kritisiert diese Möglichkeit angeboten zu haben. Vereinzelt wurde es unter anderem als „überflüssig" empfunden, ich wurde zum Beispiel von „Anonym" und zwei Frauen heftig attackiert, mit wurde sogar vorgeworfen ich wolle „Platz schinden". Ein solches Vorgehen ergibt m.E. absolut keinen Sinn; Ihnen die Möglichkeit zu geben, eine wirksame „Trockenübung" so realistisch wie nur möglich durchzuführen hingegen schon. Vertrauen Sie mir aber bitte in diesem Punkt. Es hat sich in meiner Arbeit so oft und so deutlich gezeigt, dass schriftliches Vorformulieren eine enorme Hilfe darstellt!

Die Sicherheit, sich auch schriftlich bereits gründlich mit der genauen Beantwortung bestimmter Fragen auseinandergesetzt zu haben, ist hilfreicher als einem möglicherweise zunächst be-wusst ist. Ich habe es selbst bei mir erlebt; zugleich auch bei den Anwärtern auf den HPP-Beruf, die ich erfolgreich auf die mündlichen Prüfungen vorbereitet habe. Probieren Sie es aus. Sehr gerne können Sie mir Ihre Antworten mailen. Meine Adresse ist hinten im Buch für Sie extra nochmals gesondert angegeben.

Es ist so etwas wie eine Last-Minute-Vorbereitung zu Ihrer persönlichen, mündlichen HP-Prüfung. Es enthält auch zusätzliche, weitergehende Literaturangaben, so dass sie auch schon weit vor Ihrer Prüfung hiermit beginnen können. Allerdings kann, wie gesagt, hier natürlich nur ein kleiner Ausschnitt dessen behandelt werden, was alles im Laufe Ihres Praxislebens auf Sie zukommen kann. Im letzten Kapitel werde ich die „*Du-Form*" verwenden. Das hängt damit zusammen, dass es an dieser Stelle um ein mehr emotionales Lernen gehen wird.

Es soll hier nämlich zudem versucht werden mit Ihnen auch an möglichen Prüfungsängsten (einem nicht zu unterschätzenden Fallstrick) zu arbeiten, daher dann, im Verlauf, die vertrautere Anredeform. Die Auswahl fiel mir nicht leicht. So war ich mir zunächst nicht sicher, ob ich auch die rechtlichen Hinweise o.ä. mitabdrucken sollte. Im Sinn einer Quintessenz habe ich mich jedoch hierzu entschlossen.

Persönlich bekam ich deswegen eine schlechte Kritik dieses Buches (s.o.). Ich erwähne dies aus dem Grund, weil ich Ihnen darlegen möchte, dass es auch bei den besten Absichten und bei der größten Mühe immer wieder passieren kann, dass Ihnen Menschen, seien es Prüfer oder später auch einzelne Patienten, schlechte Motive unterstellen und ihre Arbeit herabwürdigen oder sie schlicht und einfach nicht verstehen können oder wollen. Damit will ich nicht sagen, dass man grundsätzlich über jegliche Kritik erhaben sei. Selbstverständlich ist es von wirklich großer Bedeutung konstruktive Kritik auch annehmen zu können. Destruktive Kritik hingegen sollte Sie nicht schwächen. Es kann sein, dass die ein oder andere Kritik an Ihrem Wissen oder an Ihrer Vorgehensweise in einer Art und Weise an Sie herangetragen wird, die destruktiv ist oder so wirkt. Das gilt über die Prüfung hinaus. Die Menschen, mit denen Sie später zu tun haben werden, können Sie an Ihre Grenzen bringen.

Daher halte ich sehr viel von Supervision oder einem regelmäßigen kollegialen Austausch. Möglicherweise können Sie bereits die Prüfungsphase hierzu nutzen, um entsprechende Netzwerke für sich aufzubauen.

Die Frage, wie Sie selbst mit solchen persönlichen Zuschreibungen umgehen, was über Sie gesagt wird, vielleicht sogar (in der heutigen Zeit immer häufiger: veröffentlicht), ist wichtig für Ihre berufliche Belastbarkeit. Zumeist, auch bei aller Mühe, wird ein positives Feed-Back seltener sein als ein negatives. Es verzerrt das Gesamtbild zwar, doch neigen Menschen nicht dazu etwas positiv hervorzuheben, wenn dies mit einem zusätzlichen Aufwand für sie verbunden ist; jedoch gilt dies nicht im umgekehrten Fall, ganz im Gegenteil. Das mag sicherlich immer mal wieder zu einem emotionalen Rückschlag für Sie führen. Auch Therapeuten sind (nur) Menschen; doch wenn Sie diese Mechanismen kennen, so dürfte es für Sie vielleicht doch ein wenig leichter werden damit umzugehen. Sie werden selbst an Ihrer Arbeit und den Ergebnissen auf lange Sicht feststellen, dass sich Ihre Arbeit gelohnt hat – und lohnt. Denn, allen Schwierigkeiten zum Trotz, ist gerade der Beruf des Psychotherapeuten nach dem Heilpraktikergesetz ein Beruf, der in vielerlei Hinsicht besonders ist, und der eine große menschliche Bereicherung darstellen kann. Ich habe mich persönlich mit mehreren Prüfern unterhalten. Eine Amtsärztin berichtete mir, dass sie die Kandidatinnen und Kandidaten häufig deshalb mit einer eher unfreundlichen Art zu prüfen pflegt, weil sie die generelle Belastbarkeit prüfen will. Persönlich halte ich von so einer Vermischung zwar nichts, doch möchte ich Ihnen das nicht vorenthalten. Meiner Ansicht nach sagt das Verhalten in der Prüfung nichts über die Befähigung zur Ausführung dieses Berufes aus. Eine solche o.g. Prüfungssituation und eine Arbeitssituation unterscheiden sich meiner Meinung nach deutlich. Aber das ist meine persönliche

Auffassung und muss sich natürlich nicht mit den jeweiligen Überzeugungen und Auffassungen der Prüferinnen und Prüfer decken.

Daher: Auch hier nochmals der Appell solche Dinge nicht zu persönlich zu nehmen. Sie selbst wissen am besten was sie können und leisten.

Wenn Sie diesen Beruf ausüben wollen, dann lassen Sie sich bitte auf keinen Fall von solchen Faktoren verunsichern. Damit dies nicht nur ein leerer Appell bleibt, rate ich Ihnen, wie auch oben schon erwähnt, zu regelmäßigem kollegialen Austausch und zu Supervision. Was nun aber für Sie gilt, gilt für die Patientinnen und Patienten in noch viel stärkerem Ausmaß. (Siehe hierzu auch: „Mögliche Risiken von Psychotherapie"). Stellen Sie sich vor, Sie ermuntern eine Patientin, einen Patienten, sich der größten Angst zu stellen. Nehmen wir an dieser Stelle eine soziale Phobie. Der Patient, die Patientin versucht dies also, tritt- entgegen seiner / ihrer Ängste in einem sozialen Kontext auf, öffnet sich, wagt sich über sich selbst hinaus, ist mutig – und: scheitert. Sie erfährt möglicherweise soziale Ablehnung, Häme usw. Damit zurechtzukommen ist nun für die betroffene Person in der Regel noch um ein Vielfaches schwerer zu ertragen. Wir tendieren persönlich dazu von einem positiven Ende auszugehen, da wir mit Märchen und Hollywood-Filmen gefüttert wurden, oder aber auch einfach deswegen, weil wir uns ein solches positives Ende wünschen. Die Realität unterscheidet sich von diesen Wünschen zum Teil aber ganz erheblich, so dass es fast unweigerlich zu Re-Traumatisierungen und zur Verschlechterung der Gesamtsituation für unsere Patientinnen und Patienten kommen kann.

Dies bespreche ich daher auch regelmäßig und intensiv in meinen Supervisions und Co-Counselling-Gruppen. Meines Erachtens empfiehlt sich insgesamt ein eher sanftes, vorsichtiges Vorgehen. Zielorientiert ja, doch nicht um jeden Preis.

Grundsätzliches

Ich verwende in meinem Buch die männliche Form. Es ist jedoch ausdrücklich auf beide Formen bezogen. In diesem Buch versuche ich möglichst prägnante, häufige oder besonders wichtige Beispiele aus dem Bereich der Psychotherapie mit ihren Fallstricken und Gefahren zu benennen. Einen Anspruch auf Vollständigkeit kann ich dabei nicht erheben. Die Beispiele sind zahllos; daher habe ich einige der in meinen Augen besonders relevanten Beispiele herausgesucht. Dies gilt ganz besonders für die mündliche Überprüfung. Bitte lesen Sie möglichst viel der angegebenen weiterführenden Literatur und / oder weitere Bücher, Fachhefte und Skripte zu sämtlichen Fragen. Ihr nun angestrebter Beruf wird sehr viel Verantwortung und viel Wissen von Ihnen fordern. Ethische Grundhaltungen des Therapeuten sowie das Einhalten der jeweiligen Gesetze (wie z.B. das absolute Einhalten von Schweigepflicht, den völligen

Verzicht auf Machtausübung- und Machtmissbrauch, den Verzicht auf sexuelle Handlungen in Bezug auf den Patienten, das Einhalten der Sorgfaltspflicht, die Hinterfragung der Motive (finanzielle Bereicherung ausschließen etc.), die regelmäßige Weiterbildung, Selbsterfahrung und Supervision, setze ich hier zwar bereits als Selbstverständlichkeit voraus. Ich werde trotzdem dennoch nochmals gesondert im Kapitel „Gesetzeskunde" zum Teil darauf zurückkommen. Alle Angaben sind grundsätzlich ohne Gewähr. Ich habe mich selbstverständlich um genaue Angaben und Recherchen bemüht. Sie können mit dem hier vorliegenden Buch / Büchlein also selbst viel zu einem guten Gelingen beitragen. Hierzu empfehle ich ausdrücklich die Übungen, sowie auch die weiterführende und vertiefende Literatur. Vor allem wenn Sie „auf eigene Faust" lernen, brauchen Sie dringend umfangreiche Sekundärliteratur, um ihr Wissen auf eine solide Basis stellen zu können.

Die eigenen Notizen, für die ich Ihnen hier jeweils nach den Kapiteln einen Platz geschaffen habe, sollen Ihnen zeigen wo Sie stehen, wo genau Sie noch genauer nachlesen, vertiefen und nachlernen müssen. Evtl. müssen Sie selbst noch einiges „anbauen", d.h. auf eigenen Blättern das Wichtigste für Sie zusammenfassen. Doch dieser Aufwand lohnt sich. Aus diesem Grund habe ich hier immer wieder Platz eingeräumt, der für persönliche Notizen gedacht ist. Dieser Platz ist im Rahmen dieses kleinen Buches natürlich begrenzt. Aber er sollte ausreichen, um eine kurze, prägnante Antwort zu formulieren. Eine solche „vorgedachte" Antwort wird Ihnen in der konkreten Prüfungssituation von großem Wert sein und sie in eine bessere Situation bringen, welche Ihnen ein souveräneres Auftreten ermöglichen wird. Viele begehen den Fehler ihre Antworten vorab nicht laut oder schriftlich (oder beides) vorzuformulieren. Mit diesen Frage-Impulsen kann Ihnen das nicht mehr passieren. Ich habe es daher ganz bewusst so ausgewählt. Ich kann Ihnen natürlich leider nicht versprechen, dass Sie durch die Lektüre dieses Buches und der Sekundärliteratur zu 100% durch die mündliche Prüfung kommen werden. Mit Sicherheit jedoch werden Sie einen großen Schritt auf dieses Ziel hin zurückgelegt haben. Selbst wenn die Prüfung ggf. wiederholt werden muss (Sehr viele Anwärter fallen zunächst durch diese Prüfung): Lassen Sie sich bitte nicht entmutigen Nehmen Sie es als eine positive Herausforderung an.

Manchmal fühlen sich Anwärter angegriffen weil die von ihnen favorisierte Methode möglicherweise von den prüfenden Schulmedizinern nicht für voll genommen wird. Selbst wenn Sie fest hinter Ihrer Methode stehen kann dies zuweilen verunsichernd wirken. Doch auch hier möchte ich Sie ermutigen. Lassen Sie sich auch hiervon nicht aus dem Konzept bringen. Ihre Chance ist umso größer je besser Sie vorbereitet sind, und je weniger sie die Dinge als emotional gegen sich gerichtet begreifen.

Das klingt natürlich zunächst erst einmal recht banal; doch gerade hinter manchem, was zunächst allzu selbstverständlich, erscheint verbergen sich häufig genug die Dinge, die wir eben genau deswegen eben auch gerne des Öfteren übersehen.

Wichtige Lern - Literatur

Bitte suchen Sie selbst nach der jeweils neusten Auflage dieser Bücher. Im Buchhandel sind für gewöhnlich die aktuellsten Ausgaben automatisch gelistet.

Fragen Sie im Zweifelsfall aber bitte nach. Ich habe daher hier auf Auflagenzahl und Jahresangaben verzichtet, da es sein kann, dass bereits eine Neuauflage vorliegt oder in Arbeit ist. Ich aktualisiere meine Auflagen zwar auch regelmäßig; dennoch kann nicht garantiert werden, dass die ein oder andere

Auflage parallel dazu kurz vor einer Überarbeitung bzw. einer inhaltlichen Erweiterung / Aktualisierung steht.

Selbstverständlich ist es bei manchen Themen besonders wichtig die neuesten Auflagen zu haben, wohingegen andere Bereiche „konstanter" sind, und sich die Inhalte nicht so schnell ändern. Dies ist zum Beispiel bei diversen, lang erprobten und bewährten psychotherapeutischen Standardmethoden der Fall.

- Taschenführer zur ICD-10-Klassifikation psychischer Störungen. Mit Glossar und diagnostischen Kriterien ICD10-DCR-10Weltgesundheitsorganisation (WHO) (Autor); Horst Dillig et al. (Hrsg.), Verlag Huber

- 50 Fälle Psychiatrie und Psychotherapie: Bedside-learning., Klaus Lieb (Autor), Bernd Heßlinger (Autor), Gitta Jacob (Autor)

- Psychiatrie und Psychotherapie für Heilpraktiker; Jürgen Koeslin (Autor), Verlag Urban & Fischer
- Grundkonzepte der Psychotherapie, Jürgen Kriz (Autor), Beltz
- Handbuch der Entspannungsverfahren (Vaitl / Petermann, Autoren) BELTZ Verlag
- Eigenes Lernjournal!
- Prüfungsangst und Lampenfieber: Bewertungssituationen vorbereiten und meistern. Autor: Werner Metzig, Martin Schuster, Springer Verlag
- Die mündliche Prüfung Heilpraktiker Psychotherapie, Fragenkatalog, Autor: Marcus Mery, Heilpraktiker Psychotherapie
- Prüfungsfragen Heilpraktiker für Psychotherapie: 10 originale schriftliche Prüfungsbögen mit ausführlichen

Kommentaren. Autor: Marcus Mery. Heilpraktiker Psychotherapie

- Heilpraktiker Psychotherapie 2012/13; Kompaktfernlehrgang mit integriertem Frage- Antwort- Katalog, inkl. CD-Rom, Autor: K. Isikli
- Heilpraktiker für Psychotherapie: Band 1: Autor: Ingo Michael Simon, BOD Vertrag
- Grundlagen der Verhaltenstherapie, Autor Hans Reinecker, Beltz PVU
- Neuropsychologie: Grundlagen, Klinik, Rehabilitation, Autor: G. Goldenberg, Urban & Fischer Verlag/Elsevier GmbH
- Hilflose Helfer: Über die seelische Problematik der helfenden Berufe, Autor: Wolfgang Schmidtbauer
- Intensivkurs Psychiatrie und Psychotherapie mit StudentConsult-Zugang von Klaus Lieb, Sabine Frauenknecht und Stefan Brunnhuber von Urban & Fischer Verlag/ Elsevier GmbH

- Pschyrembel Klinisches Wörterbuch von W. Pschyrembel von De Gruyter (Gebundene Ausgabe), 266. Auflage
- Taschenatlas Pathophysiologie, Autor: S. Silbernagl, F. Lang, R. Gay, A. Rothenburger von Thieme, Stuttgart
- Lehrbuch der Verhaltenstherapie, Band 4: Materialien für die Psychotherapie, Hrsg: G. Meinlschmidt, S. Schneider, J. Margraf
- Klinische Neuropsychologie, Autor: W. Hartje, K. Poeck von Thieme, Stuttgart

Nutzen Sie die Arbeit mit Karteikarten, mit Lernvideos, Students Consults etc.! Auch Lerngruppen, in denen Prüfungssituationen simuliert werden können, haben sich in der Vergangenheit als äußerst hilfreich und effektiv erwiesen. Das Aufschreiben der Antworten ist ebenfalls eine wirksame Vorbereitung. Wissen, welches Sie nur durch reines Auswendiglernen erwerben, bleibt nicht so gut haften wie das Wissen, welches Sie sich selbst erarbeiten und gedanklich für sich selbst durchstrukturieren. *„Auswendiglernen"* kann daher eher eine Zeitverschwendung darstellen, als die zunächst wesentlich aufwändiger wirkende Methode, sich die Dinge in eigenen Worten noch einmal für sich selbst durchzuformulieren und gegebenenfalls auch aufzuschreiben.

Daher habe ich hier diese Möglichkeit angeregt.

Eigene Literatur / Notizen

_____

_____

_____

_____

_____

_____

Therapeutische Schulen

Die derzeit bekanntesten Therapieformen sind die

- Verhaltenstherapie,
- tiefenpsychologische Ansätze (wie z.B. die Psychoanalyse),
- Humanistische Ansätze (z.B. die klient- bzw. personzentrierte Gesprächstherapie nach Rogers)
- Systemische Ansätze,
- Kognitive Therapieformen,
- Lösungsorientierte Verfahren

In der Prüfung sollten Sie die Grundansätze aller dieser wichtigen, gängigen Therapieschulen kennen. Die Verhaltenstherapie ist, ebenso wie auch beispielsweise die klientzentrierte bzw. die personenzentrierte Gesprächstherapie nach Rogers, grundsätzlich um wissenschaftliche Nachweisbarkeit und Transparenz bemüht. Beide Therapieformen verfügen über ein sehr breites Indikationsgebiet. (Sie umfassen die meisten ICD-10-Störungen).

Hierdurch sind sie m.E. für Prüfungssituationen geradezu perfekt geeignet! Damit möchte ich aber keineswegs sagen, dass andere Methoden bspw. der Verhaltenstherapie oder der Gesprächstherapie nach Rogers unterlegen seien.

Das sehe ich keineswegs so. So ist beispielsweise die systemische Familientherapie äußerst effektiv im Umgang mit Erkrankungen wie Anorexia nervosa. Bei dieser Form von Therapie geht es um das gestörte *„System Familie"*, welches sich beim Einzelnen dann durch eine bestimmte Erkrankung ausdrücken kann.

Lesen Sie bitte unbedingt selbständig und ausführlich in der aufgeführten Sekundärliteratur nach. All die Themen, mit denen Sie sich befassen werden, sind sehr vielschichtig. Doch lohnt es sich!

Gerade bei Erkrankungen wie Anorexia nervosa, Neurodermitis oder Enuresis wird die systemische Therapie häufig eingesetzt.

Kurzzeittherapien, welche lösungsfokussiert arbeiten, haben ebenfalls ihre ganz besonderen Vorteile und Vorgehensweisen. Die Ansätze mögen im Einzelnen unterschiedlich sein. Die inhaltlichen Ziele und auch die therapeutischen Erfolge sind jedoch durchaus miteinander zu vergleichen. Die Psychoanalyse sucht stärker nach Ursachen, wohingegen die VT an störenden Symptomen oder auch an kognitiv fehlerhaften Gedankenabläufen arbeitet. In den Humanistischen Verfahren, (zu denen auch die Gesprächspsychotherapie nach Rogers gehört), sollen Selbsterkenntnis und Selbstakzeptanz erhöht werden. So können die oben genannten psychischen Erkrankungen ebenfalls auch mit Humanistischen Verfahren wie der Gesprächspsychotherapie nach Rogers behandelt werden.

Aber auch die Verhaltenstherapie, welche an kognitiven Inhalten und an einem Verhaltenstraining ansetzt, ist von großer Bedeutung und bietet hervorragende Ansätze.

Therapeutische Schulen sollten aus diesem Grund meines Erachtens absolut nicht als Konkurrenten gegeneinander stehen. Vielmehr sollten sie sich bewusst machen, dass sie alle als erklärtes Ziel haben die Situation des Hilfesuchenden zu verbessern und ihn im Ergebnis zu stärken. Glücklicherweise erfreut sich diese Vorstellung zunehmender Akzeptanz. Beispielsweise in der modernen Behandlung von Angst-erkrankungen werden mittlerweile ganz gezielt Methoden aus unterschiedlichen Schulen miteinander kombiniert. Dies hat eine sehr effektive Wirkung auf die Therapie von Angsterkrankungen. Ein Umdenken in dieser Richtung ist also bereits zu beobachten. Allerdings gibt es für bestimmte Verfahren natürlich auch ganz ausdrückliche Kontraindikationen. So ist beispielsweise die Gestalttherapie (F. Pearls) nicht unbedingt angeraten bei affektiven Störungen bzw. bei Zwangserkrankungen. *Sehr erfahrene Therapeuten können das im Einzelfall jeweils prüfen, für Anfänger ist es jedoch zu riskant.*

Sie stehen also insgesamt, sollten Sie ansonsten keine Vorkenntnisse haben, nach meiner Erfahrung argumentativ mit der VT oder der Gesprächspsychotherapie nach Rogers auf besonders sicherem Boden. Selbstverständlich gibt es auch Kritik an der Verhaltenstherapie und auch an der Gesprächspsychotherapie - so wie an jedem anderen therapeutischen Verfahren - , dennoch handelt es sich hierbei um etablierte und m.E. besonders gut nachzuvollziehende Verfahren. Natürlich haben auch diese Verfahren ihre Grenzen. Ganz nebenbei:

Als Menschen sind uns ohnehin Grenzen gesetzt- es ist nicht alles machbar- und vielleicht soll es das auch gar nicht sein.

Als Therapeuten sind wir oft auch hilflos und müssen mutig genug sein uns dies auch einzugestehen. Aber nun zurück zu den *„harten Fakten"*: Bei organisch bedingten Störungen und bei schwerem Persönlichkeitszerfall, (wie das beispielsweise ganz typischerweise bei den Erkrankungen aus dem schizophrenen Formenkreis der Fall sein kann), sind hier allen rein psychotherapeutisch ausgerichteten Verfahren Grenzen gesetzt. Dennoch können sie häufig- komplementär- auch gerade in schwierigeren Fällen besonders verantwortungsbewusst eingesetzt werden. Der systemische Ansatz, oder auch der lösungsorientierte Ansatz (Kurzzeittherapie nach Steve de Shazer et al.) oder auch die klassische Psychoanalyse haben alle ihre grandiosen Vorteile und besonderen Indikationen. Selbstverständlich gilt dies auch für zahlreiche alternative Heilmethoden. Wenn Sie sich in einer dieser Methoden bestens auskennen, so spricht auch hier gar nichts dagegen die therapeutischen Vorschläge vor dem Hintergrund dieser Therapieschulen zu unterbreiten. Solange sie aber noch wenig Erfahrung haben, empfehle ich eine verstärkte Auseinandersetzung mit der, sehr bewährten und auch anerkannten, Verhaltenstherapie und / oder mit der Gesprächspsychotherapie nach Rogers. Grundbegriffe der anderen Verfahren sollten sie dennoch kennen; in meiner Literaturliste befinden sich hierzu entsprechende Hinweise.

In der Prüfung, aber auch im beruflichen Alltag, werden Sie diese immer wieder brauchen.

Nutzen Sie diese ggf. zur Beantwortung der unten genannten Frage bzw. Aufgabenstellung:

> ➢ Bitte notieren Sie hier (unter Berücksichtigung der Sekundärliteratur) Ihre bisherigen Kenntnisse in Bezug auf unterschiedliche Psychotherapieformen:

Gegenindikationen und Risiken von Psychotherapie

Es gibt zunächst einmal gängige, klassische Kontraindikationen bezüglich einzelner Methoden. So darf beispielsweise das Jacobsen Training (Progressive Muskelrelaxation) nicht etwa bei organischen Vorerkrankungen wie der Neigung zu Krampfanfällen (Epilepsie) angewandt werden.

Hypnose darf nicht eingesetzt werden bei Wahnerkrankungen, Psychosen oder bei Vergewaltigungtraumata.

Das Autogene Training sollte nicht bei depressiven, suizidalen, zu Hysterie oder hysterischen Tendenzen neigenden, wahnhaften, paranoiden oder sonstig psychotischen Patienten, sowie auch nicht bei bereits fortgeschrittenen Demenzerkrankungen oder bei Hypochondrie mit Neigung zur Selbstbeobachtung eingesetzt werden. Hier würde Schaden angerichtet.

Eine Konfrontationstherapie beispielsweise darf nur nach organischer Abklärung (Herzkrankheit o.ä.?) erfolgen. <u>Zur Sicherheit sollten Sie sich immer zuvor ärztlich diesbezüglich absichern.</u> Aber auch die psychische Belastbarkeit muss vorsichtig ausgelotet werden.

Generell muss die prinzipielle Therapiefähigkeit vorab überprüft werden! Bei Unklarheiten muss ein Arzt befragt werden. Bestimmte Verfahren, die mit großer Aufregung verbunden sind (Wie z.B. bestimmte, spezifische Anti-Angst-Trainings in der Verhaltenstherapie) erfordern unbedingt eine zuvor vorgenommene ausführliche

---

Vorab: Untersuchung der Herzfunktion und des allgemeinen Gesundheitszustands des Patienten durch den behandelnden Arzt / Ärztin!
Das müssen Sie auch in der Prüfung deutlich zum Ausdruck bringen.

Verschlechterungen aufgrund von Psychotherapie

Zu Beginn und im Verlauf einer Therapie (mehr oder weniger unabhängig von der jeweiligen Richtung bzw. *"Schule"*) kann es zu einer Destabilisierung des Patienten kommen. Diese kann ausgelöst werden durch z.B. ein nichtangemessenes Verhalten des Therapeuten. Ein Beispiel könnte sein, dass der Therapeut die aktuelle Belastbarkeit seines Patienten überschätzt und ihn somit überfordert.

Eine aufdeckende Therapie sollte beispielsweise niemals zu früh erfolgen. Insgesamt muss die gesamte derzeitige persönliche Situation des Patienten / der Patientin in diese Überlegungen miteinbezogen werden. Sämtliche persönliche, gesundheitliche oder familiäre Faktoren müssen hier in die Vorab-Überlegungen unbedingt miteinbezogen werden.

Aber auch kann allein durch das Benennen der Probleme eine Destabilisierung des Patienten erfolgen. Menschen verändern sich beispielsweise durch die Therapie. Ihr Umfeld ist das nicht gewohnt. Das kann zu Konflikten führen.

Bei 50 bis 60 Prozent der Patienten verschlechtern sich sogar die Symptome im Laufe der Therapie, während eines individuell unterschiedlichen Zeitraums.
Die Konfrontation mit den eigenen Problemen und Lebensumständen kann das subjektive Gefühl des Leidens an dieser Situation durchaus noch verstärken. So kommt es unter Umständen zu schweren depressiven Reaktionen bis hin zu Arbeitsunfähigkeit und Suizidalität. Die Möglichkeit einer psychotischen Dekompensation ist durchaus gegeben und zu berücksichtigen, ebenso psychosomatische und /oder psychische Reaktionsbildungen. Man muss daher mit großer Umsicht auf diese Faktoren reagieren. Das gilt es unbedingt zu berücksichtigen! Auch in der Prüfung ist genau dies häufig Gegenstand von Fragen.

Solche Probleme können auch entstehen

- Wenn eine Patient angenommen wird, ohne dass man sich dem Fall ausreichend gewachsen fühlt.
- Wenn ein Patient angenommen wird, und bezüglich der Problematik keinerlei profunde Erfahrungen vorliegen, ohne dies dezidiert anzusprechen und abzuklären.
- Besonders mangelnde medizinische Abklärung im Bereich der Psychosomatik und der Psychopathologie.
- Mangelnder Aufbau einer tragfähigen therapeutischen Beziehung. (Mangelnde Wertschätzung, mangelndes Vertrauen etc.)
- Eine zu starke Bindung aufbauen (abhängig machen), dadurch unnötige Ablösungsschwierigkeiten und Therapieverlängerung riskieren.

- Mangelnde Reflexion, Supervision und Fortbildung

  Diese Liste ist längst nicht vollständig! Es können leider nicht nur vorübergehende sondern auch dauerhafte Verschlechterungen auftreten.
- Aufklärung wirkt präventiv!

Ihre Notizen:

_____

_____

_____

_____

_____

_____

_____

_____

_____

Kontraindikationen in Bezug auf bestimmte Therapieverfahren:

Familientherapie: KI sind z.B. Patienten, bei denen am ehesten im Einzeltraining eine Besserung ihrer Situation zu erreichen ist. Dies ist bei bestimmten Störungsbildern der Fall, so bei antisozialen und narzisstischen Persönlichkeitsstörungen. Es ist so, dass solche Patienten sich durch eine Familientherapie noch „bestätigt" fühlen könnten, da Menschen mit dieser Art Persönlichkeitsstörungen ohnehin tendenziell eigene Probleme gern auf die Familie „schieben". Ganz besonders in Familien, in denen durch den Patienten mit den genannten PS eine Gewaltbereitschaft besteht, ist eine Familientherapie kontraindiziert.

Zum einen um die Familie zu schützen, zum anderen um wirklich effizient und konzentriert an den jeweiligen Problemen des Patienten zu arbeiten.

Gegensteuerung

Checkpunkte:

> ➢ Vielleicht war es nicht das passende Therapieverfahren für den Patienten?
> ➢ Vielleicht war der Therapeut nicht kompetent genug für die Behandlung jener Störung?
> ➢ Vielleicht stimmte ganz einfach die *„Paarung"* nicht?
> ➢ Vielleicht hatte der Patient andere Vorstellungen?
> ➢ Vielleicht war es (noch) nicht der richtige Zeitpunkt?
> ➢ Sonstiges

Es gibt aber auch noch einige weitere potentielle Risikofaktoren. Am Beispiel des Einsatzes von Psychopharmaka möchte ich dies kurz erläutern.

Selbstverständlich stellt diese Erläuterung nur einen winzigen Bruchteil der prinzipiell möglichen Risiken dar. Für die Prüfung sollten Sie die Wirkungsweise und auch die typischen Nebenwirkungen der gängigen Psychopharmaka unbedingt kennen! Informieren Sie sich hierzu aus den einschlägigen Lehrbüchern!

Risikofaktoren: Psychopharmaka

Antriebsfördernde Antidepressiva oder eine zu früh erfolgende aufdeckende Therapie können die Suizidgefahr in den ersten Wochen erhöhen! Mit Suizidimpulsen ist zu Beginn und später nach Hebung des allgemeinen Antriebsniveaus zu rechnen. So können Psychopharmaka, ebenso wie eine Psychotherapie Suizidimpulse zunächst verstärken! Dies muss unbedingt berücksichtigt werden! Eine engmaschige Kommunikation wird in diesem Moment unabdingbar. Falls möglich, und gewünscht, kann und soll die Familie (der Freundeskreis) mit einbezogen werden.

Für Sie als HP für Psychotherapie ist das Thema Suizid der größtmöglichen Fallstricke in der Praxis.

Es geht mit einem maximalen Risiko für den von Suizidgedanken betroffenen Patienten einher.

Das Thema kann sehr versteckt vom Patienten angedeutet oder aber auch offen angesprochen werden. Hier sind Sie in der größtmöglichen Verantwortung! Zwar gibt es auch andere ernsthafte psychiatrische Notfallsituationen. Bei diesen wird aber sofort der Notarzt verständigt, da sich diese Ereignisse als eindeutige Notfälle erkennen lassen. (Vgl. hierzu dann das Thema: Zwangseinweisung). Beim Suizid kann dies selbstverständlich auch der Fall sein - muss es aber nicht! Gerade in den Monaten und Wochen vor einem geplanten Suizid gibt es häufig versteckte und indirekte Hinweise.

Hierbei sind bestimmte Muster zu erkennen, die bei der Früherkennung von Nutzen sein können.

Diese zu erfassen und zu erkennen ist eine der wichtigsten Aufgaben in Ihrem zukünftigen Beruf! Auch in der mündlichen Prüfung wird dieses Thema zum Teil ausführlichst erfragt. Das ist von enormer Wichtigkeit, da es hier konkret um ein Menschenleben geht.

Wenn Sie sich hier nicht bestens auskennen, sollten Sie diese Lücke unbedingt schließen, bevor Sie in die Praxis gehen!

Trotz bester Kenntnisse kann es aber auch hier im Laufe eines Berufslebens vorkommen, dass sich ein Patient das Leben nimmt, obwohl Sie *„alles richtig"* gemacht haben. So etwas stellt einen der größten Einschnitte auch gerade in das Leben der Therapeuten selbst dar.

Es ist für jeden Therapeuten ein Schock, wenn ein Suizid passiert.

Und auch hier gilt: Wir als Therapeuten müssen unser Bestes geben. Aber es kann auch vorkommen, dass wir machtlos sind. Selbst eine Einweisung in eine geschlossene Abteilung der Psychiatrie ist keine Gewähr. Auch auf diesen Abteilungen kommen Suizide vor.

Das sind die besonders traurigen Aspekte unseres Berufs, und es soll Ihnen nicht vorgemacht werden, dass wir als Therapeuten alles in der Hand hätten. Es gibt Dinge, die wir einfach nicht mehr in der Hand haben können, auf die wir – oder andere- keinen Einfluss mehr haben.

Dennoch müssen wir zu jedem Zeitpunkt im Dienst des Patienten unser Bestes geben und unser Wissen hinsichtlich dieses Themas ständig erweitern und aktualisieren.

Gerade bei diesem Thema müssen wir immer auf der Hut und wachsam sein.

Dies gilt sowohl für Berufsanfänger als auch für erfahrene Therapeuten – und beide konfrontiert es mit den Grenzen des menschlichen Daseins, des Menschen-Möglichen.

Möglicher Ablauf der Prüfungssituation

Es soll hier nun im Wesentlichen darum gehen Ihnen den möglichen Ablauf einer mündlichen HP-Prüfung vor Augen zu führen, bzw. inhaltliche Fragen vorwegzunehmen:

Beispiele:

1) Definieren Sie Psychotherapie. Was sind darüber hinaus überhaupt die Voraussetzungen für Therapie?

   ➢ Ihre Antwort:

   _____
   _____
   _____

_____
_____
_____
_____
_____
_____
_____
_____
_____
_____
_____
_____

Ihnen wird ein Fall geschildert. Nun erwartet man von Ihnen eine Verdachtsdiagnose.

Bitte denken Sie hier unbedingt an den kompletten psychopathologischen Befund! (Psychische Funktionen!)

Im Anschluss sollen Sie diese begründen, dann sollen Sie einen möglichen Therapieplan entwerfen.

Unter Umständen müssen Sie den Patienten / die Patientin zur Abklärung organischer Krankheiten zunächst wieder wegschicken. Denken Sie auch an diese Möglichkeit. Sie dient der Sicherheit Ihrer Patienten, aber auch Ihrer eigenen. Egal nach welcher Methode Sie später arbeiten wollen: Mit der Verhaltenstherapie und / oder der Gesprächstherapie nach Rogers sind Sie grundsätzlich auf der *„sicheren"* Seite in der Prüfungssituation.

Man wird Sie in der Prüfung schwer aufs *„Glatteis"* führen können, wenn Sie sich auf diese Methode beziehen und hier die nötigen Kenntnisse vorweisen. Allerdings bedeutet das nicht, dies sei betont, dass Sie sozusagen *„Ihre Seele"* verkaufen sollten.

Sie haben als Heilpraktiker/ Heilpraktikerin für Psychotherapie das Recht auf freie Therapiewahl. Selbstverständlich sollten Sie sich für die Methode entscheiden, die Ihnen persönlich am meisten liegt oder sie selbst am besten überzeugt.

Hilfreich ist es natürlich, wenn Sie auch eine entsprechende ausführliche therapeutische Ausbildung eines offiziell anerkannten Ausbildungsinstitutes nachweisen können.

Möglicherweise möchte man von Ihnen wissen, ob Sie eines der wissenschaftlich anerkannten Verfahren richtig anwenden würden. Daher mein sehr expliziter Verweis auf die Verhaltenstherapie und die Gesprächspsychotherapie nach Rogers.

Sollten Sie dann später tatsächlich eine Tätigkeit speziell in diesem Bereich anstreben, erkundigen Sie sich bitte nach Ihren persönlichen Möglichkeiten.

Es ist recht widersprüchlich, dass Sie mit dem Methodikwissen der Verhaltenstherapie zwar i.d. R. gut durch die mündliche Prüfung kommen können,

Sie jedoch zumeist im Anschluss nicht die Möglichkeit haben werden tatsächlich als approbierter Verhaltenstherapeut / beziehungsweise als approbierte Verhaltenstherapeutin zu arbeiten.

Der Zugang zu dieser zusätzlichen Ausbildung ist zumeist Ärzten, Diplom-Psychologen und (in einigen Fällen, speziell bezogen auf die Therapie von Kindern und Jugendlichen,) Diplom-Pädagogen vorbehalten. Allerdings ist diese Regelung m.W. auch Änderungen und Neuerungen unterworfen. Hier informieren Sie sich am besten bei den jeweiligen Ausbildern und / oder bei den zuständigen Fachverbänden.

In jedem Fall sollten Sie in der Prüfung die Grundelemente der Verhaltenstherapie kennen. Bei der Gesprächstherapie nach Rogers ist der Zugang zur weiteren Ausbildung bisher m.W. nach offener.

Bei der Beantwortung dieser Frage 2 habe ich keine Antwortoption für Sie bereitgestellt. Das hängt natürlich damit zusammen, dass Sie ja gar keinen Fall vor Augen haben. Ganz besonders lege ich Ihnen daher die oben genannte Sekundärliteratur ans Herz! Diese Liste können Sie beliebig für sich erweitern! Achten Sie dabei auf die anerkannten Fachverlage.

Zu den schwierigen Situationen im therapeutischen Prozess habe ich unter Lösungen 2) und 5) einige wichtige Fälle für Sie zusammengefasst bzw. in einer Multiple-Choice Version für Sie aufbereitet.

Auch hier können Sie Ihr Wissen zunächst selbst überprüfen, um es dann ggf. zu festigen oder auszubauen.

Doch dies nur am Rande. Gehen wir zurück zur Prüfungssituation:

2) Rechnen Sie zunächst mit einigen persönlichen Fragen.

3) Möglicherweise werden Sie nach psychotherapeutischen Rahmenbedingungen gefragt.

4) Wie lange dauert eine Therapie Ihrer Ansicht nach in diesem Fall? Wie lange dauert eine

einzelne Therapiestunde? Auf solcherlei Fragen müssen Sie unbedingt vorbereitet sein.

5) Nun sollten Sie den fiktiven Therapieverlauf kurz strukturieren können (Anfangsphase/ Mittelphase/ Schlussphase)

Häufig wird nach Risiken und Problemen in der Psychotherapie allgemein und/ oder speziell (also Fallbezogen) gefragt. Nach meiner Erfahrung sind die wenigsten Prüfungsanwärterinnen und -anwärter auf diese Frage vorbereitet. Daher konzentriere ich mich in diesem Buch ganz besonders auf diese, zumeist abschließende, Frage. Die Beantwortung eben dieser Frage entscheidet. Es werden möglicherweise rechtliche Grundlagen und / oder Erste-Hilfe-Maßnahmen abgefragt. Auch hier möchte ich ausdrücklich auf die Sekundärliteratur und sonstige medizinische Fachliteratur und Kurse zur Notfall-Intervention verweisen. Ich selbst habe einen solchen

Kurs nochmals zur Auffrischung besucht. Ich kann dies nur jedem empfehlen. Nicht nur beruflich, auch privat kann dies Leben retten.

6) Sie werden evtl. nach der Therapiemethode gefragt, mit der Sie persönlich arbeiten wollen.

Egal um welche Methode es sich handeln mag, Sie müssen perfekt darauf vorbereitet sein. Zum Thema Verhaltenstherapie und Gesprächspsychotherapie nach Rogers habe ich einleitend ja einige Stichpunkte aufgeführt. Sollte dies sich mit Ihren zukünftigen Plänen überschneiden, empfiehlt sich eine genaue Auseinandersetzung mit sämtlichen Aspekten und Facetten dieser Methoden.

Bereiten Sie sich ganz besonders auf kritische Fragen vor! (Advocatus diaboli).

Sollte es aber eine ganz andere Methode sein, müssen Sie sich noch zusätzliche Gedanken machen, und die Begründung sollte in sich stimmig sein. (Dies ist ein exemplarisches Beispiel.)

Natürlich können Inhalte und Reihenfolge variieren. Wenn Sie aber zumindest einen exemplarischen Verlauf perfekt beherrschen, verfügen Sie über eine gute (und ausbaubare Basis) für Ihre Prüfung!)

➢ Ihre Notizen:

Lösungen:

Zu 1)

Was bedeutet Psychotherapie überhaupt?

Unter Psychotherapie versteht man die gezielte, (multidimensionale) Behandlung anhand psychotherapeutischer Methoden mit dem Ziel der Linderung oder Heilung von krankhaften oder als krankhaft erlebten Seelenzuständen. (Angaben ohne Gewähr; suchen Sie nach „Ihrer" Definition).

Dies ist eine mögliche Definition.

> Aufgabe: Suchen Sie selbst ein oder zwei weitere Definitionen:

_____
_____
_____
_____
_____

Welche Voraussetzungen müssen erfüllt sein, damit eine Psychotherapie überhaupt eine Chance auf Erfolg hat?

<u>Innere und äußere Haltung des Patienten:
Ganz wichtig ist hierbei seitens des Patienten eine</u>

- grundlegende Motivation die Therapie zu beginnen

- Verbindlichkeit hinsichtlich der Ausdauer, der Regelmäßigkeit, der jeweiligen Pünktlichkeit, der konkreten Mitarbeit verbunden mit zum Teil erheblicher

- Konflikt-Bereitschaft und auch

- Frustrationstoleranz, um diese aufrecht zu erhalten, des Weiteren die

- Fähigkeit zur Introspektion (Selbstreflexion).

Innere und äußere Haltung des Therapeuten

Die Fähigkeit zur Introspektion (Selbstreflexion) ist jedoch auch beim Therapeuten von zentraler Bedeutung.

Der Therapeut muss bereit und in der Lage sein sich selbst und seine eigenen Handlungsmotivationen immer wieder kritisch zu hinterfragen und ggf. neu zu überdenken.

So kann es beispielsweise zu Problemen kommen, wenn ein Therapeut seine Patienten als *„Ersatzfreunde"* missbraucht, eigene Einsamkeit zu verdecken sucht oder Defizite in diesem Bereich auszugleichen strebt. Es könnte auch problematisch sein, wenn der Therapeut keinen Zugang mehr zu eigenen Kraftquellen und inneren Ressourcen findet. Ein erschöpfter und unkonzentrierter Therapeut stellt ein potentielles Risiko für den weiteren Verlauf der Therapie dar.

Auch eigene ungelöste Konflikte des Therapeuten können mit in die Therapie „*hineingetragen*" werden und diese belasten. Des Weiteren können bestimmte Charaktereigenschaften des Therapeuten wie: Herablassendes Verhalten, Übertriebene Nachgiebigkeit, übertriebene Unflexibilität, deutlich wertendes Verhalten, eine ausgeprägte Rechthaberei, impulsives Verhalten oder ähnliches zu Konflikten und Problemen führen.

Die relevanten Stichpunkte sind hier:

- Verständnis (Empathie)
- Emotionale Wärme
- Echtheit, also Kongruenz mit dem eigenen Selbst

(Soweit die elementaren Grundsätze)

(Beispiele für eine mögliche innere Haltung bietet der klient- oder personenzentrierte Ansatz nach Rogers). Die Wirkung von Personzentrierter Psychotherapie und Beratung verdankt sich in erster Linie der Umsetzung dieser drei Grundhaltungen. Sie prägt die Beziehung zum Klienten wesentlich.

Dieser Therapeut (diese Therapeutin) können sich, dank der oben genannten therapeutischen Haltung, seiner/ ihrer eigenen Person zunehmend wertschätzend, empathisch und kongruent zuwenden. Die personzentrierte Interaktion, welche von diesen Grundhaltungen geprägt ist, betrachtet es als ein wesentliches Ziel, die Inkongruenz des Klienten zu reduzieren.

Die Umsetzung dieser Haltungen ist dabei jedes Mal neu, individuell, auf den jeweiligen Klienten abzustimmen. Aufrechtzuerhalten ist sie besonders gut durch einen reflexiven Umgang mit sich selbst.

Zusätzliche Bedingungen:

4. Es besteht ein psychologischer Kontakt zwischen Klient und Therapeut.

5. Eine der beiden Personen (hier: der Klient) befindet sich in einem sog. *„Zustand der Inkongruenz".*6.

Das therapeutische Angebot in Hinblick auf die Grundhaltungen (besonders die Punkte 1 - 3) muss vom Klienten selbstverständlich auch wahrgenommen werden können.

Der psychopathologische Befund

Der psychopathologische Befund ist ein zentraler Punkt für Ihre Prüfung und später auch für Ihre Berufspraxis! Gerade der gewissenhaft erhobene psychopathologische Befund bezieht sich auf wirklich sämtliche Auffälligkeiten, welche für psychische Störungen der Patienten bedeutsam sein können.

Er bezieht sich so beispielsweise auf die Erscheinung, auf das Verhalten, auf den Ausdruck, sowie auf innerpsychische Erlebnisstörungen.

Da diese i.d.R. innerpsychisch sind, müssen sie entweder erfragt, abgeleitet oder anders erschlossen werden. Der präzise Zugang zu den so genannten Erlebnisstörungen gestaltet sich häufig über die Erläuterungen des Patienten. Daher ist die Schulung der genauen Beobachtungsgabe wichtig. Dies gilt auch in Hinblick auf die Intelligenz.

Viele psychische Störungen, allen voraus die unterschiedlichen Demenzen, gehen mit einer zum Teil beträchtlichen Störung kognitiver Fähigkeiten einher. Die Prüfung der Orientierung umfasst die zeitliche (kann der Patient das Datum angeben?), örtliche (weiß der Patient, wo er sich befindet?) und die zur eigenen Person (kann der Patient zutreffende Angaben über sich machen?)

Krankheitsgefühl und Krankheitseinsicht sowie ein evtl. vorliegendes konkretes Suchtverhalten sind weitere wichtige Bestandteile eines psychopathologischen Befunds. Auch auffällige tageszeitliche Schwankungen und Suizidalität sollten dringend erfragt und erfasst werden! Es gibt zahlreiche strukturierte und halbstrukturierte Interviews, die der Standardisierung des psychopathologischen Befundes dienen.

Erscheinung:

Kleidung, Körperpflege, Wohnungszustand, Verhalten bei Eintreffen. Die Nase kann uns hier ebenfalls möglicherweise Auskunft geben. („Waschgewohnheiten")

Motorik:

Fein- und grobschlägiger Tremor (Angst, Delir), Agitiertheit (Manie, Depression, Angstattacke), Verlangsamung (Katatonie, Parkinson), Mimik, Gestik.

Sprache:

Spontaneität, Verlangsamung (Depression), Rededrang (Manie), verwaschen (Intoxikation), aphasisch (Apoplex), Wortsalat, Wortwiederholungen (Demenz).

Orientierung:

Zeitlich: „Was für ein Datum/Wochentag/Jahr haben wir heute?"

Örtlich: „Wo befinden Sie sich hier?"

Person: „Wann Sind Sie geboren?

Situativ: „Warum meinen Sie, sind wir gerufen worden?

(* In Deutschland ist das AMPD-System verbreitet, nach dem ich hier vorgehe).

Kognition:

Gedächtnis (beeinträchtigt bei Demenz, Angst und Depression)

Konzentration (beeinträchtigt bei Demenz und Psychose) *Urteilsvermögen* (beeinträchtigt bei Demenz, Psychose, Delir)

Denken (inhaltlich / formal):

Umständlichkeit (kann auf eine Psychose oder auf eine Zwangsstörung hinweisen), Vorbeireden, gelockerte Assoziationen, unzusammenhängende, „unlogische" Gedanken (Schizophrenie), Gedankenflucht (Manie).

Alle diese Punkte müssen unbedingt miteinbezogen werden.

Nur durch eine Berücksichtigung aller Punkte kann ein wirklich vollständiger und aussagekräftiger Psychopathologischer Befund erhoben werden. Dieser ist von größter Wichtigkeit.

Möglicher Ablauf einer Therapie

In der Regel kann man, am Beispiel einer Verhaltenstherapie oder auch einer Gesprächstherapie nach Rogers, von durchschnittlich 20 Sitzungen ausgehen. Dies ist nur ein Richtwert. Die weiter unten genannten Phasen sind ebenfalls Richtwerte.

Therapeutische Prozesse können in der Regel nicht so präzise geplant werden. Die Therapie verläuft in Phasen. Rückschläge gehören auch dazu. Sie sind am besten im Rahmen einer Supervision zu besprechen.

Wie skizzieren Sie einen möglichen Therapieablauf?

Phase 1: (Stunde 1-5)

- Anamnese
- Therapieplan
- Beziehungsaufbau

Phase 2: (Stunde 5-10)

- Einkreisen der zentralen Problembereiche
- Veränderungen herbeiführen
- Ressourcen aktivieren

Phase 3: (Stunde 10-15)

- Veränderungen verankern
- Patienten stärken

Phase 4: (Stunde 15-20)

- Ablösephase,
- Zusammenfassung,
- Ausblick

Es ist für die Prüfung wichtig, dass Sie zumindest einen typischen Verlauf kennen.

Bei der klassischen Psychoanalyse oder bei einer lösungsorientierten Kurzzeittherapie sieht dies natürlich wieder vollkommen anders aus.

Bei der Psychoanalyse gibt es durchaus 400 bis 1000 Behandlungsstunden, bei lösungsorientierter Kurzzeittherapie kann es etwa zwischen 2 und 10 Behandlungsstunden geben. Auch hier gibt es keine statischen, *„unverrückbaren"* Richtwerte.
Psychotherapie ist immer ein Prozess, und dieser Prozess muss sich ggf. veränderten Bedingungen anpassen. Es gibt derzeit (s.o.) zahlreiche Ansätze. Möglicherweise haben Sie sich selbst bereits für Ihren eigenen Ansatz entschieden.

Als angehender Heilpraktiker für Psychotherapie haben sie zahlreiche therapeutische Möglichkeiten.

Wichtig für die Prüfung ist, diesen Ansatz – auf Herz und Nieren geprüft - vortragen zu können und ggf.

auch auf kritische Fragen gelassen und kompetent antworten zu können.

> ➢ Aufgabe: bestimmen Sie einen möglichst typischen Therapieverlauf aus einer Therapieform Ihrer Wahl:

_____
_____
_____
_____
_____
_____
_____
_____
_____
_____
_____
_____
_____
_____

Zu 5: Schwierige Situationen im therapeutischen Prozess

Multiple Choice

> *Beispiel 1:*
> *Zwangseinweisung*

Wie gehen Sie vor?

- ○ Ich veranlasse in jedem Fall umgehend eine Einweisung.
- ○ Ich versuche den Patienten zu überzeugen.
- ○ Ich trete mit der Familie in Kontakt, damit diese die Einweisung vornehmen lässt.
- ○ Ich bringe den Patienten persönlich in die Klinik, um sicherzugehen, dass er dort auch ankommt.
- ○ Ich versuche ihn durch Drohungen zu einer Einweisung zu bewegen.
- ○ Ich beruhige den Patienten mit Medikamenten

Beispiel 2:

Verliebtheit bei Patienten

- Ich breche die Therapie umgehend ab.
- Ich lobe den Patienten für seine Offenheit.
- Ich bespreche mit ihm die Situation.
- Ich entwickle mit ihm gangbare Lösungen.
- Falls sich auch nach einer gewissen Zeit nichts ändert, muss ich die Therapie abbrechen.
- Ich biete dem Patienten dann Hilfestellungen und Alternativen an.
- Ich fühle mich geschmeichelt und heize die Verliebtheit durch intensiven Blickkontakt, verstärktes Lächeln und/ oder Andeutungen an.
- Ich gebe mich ganz besonders kühl und desinteressiert.
- Ich rüge den Patienten / die Patientin für diese Grenzüberschreitung.

> *Beispiel 3:*
> *Verliebtheit beim Behandler*

- o Ich kläre den Patienten über meine Gefühle auf.
- o Ich halte meine Gefühle zurück und bespreche sie in der Supervision.
- o Ich breche die Therapie sofort unter Benennung der Gründe ab.
- o Ich breche die Therapie ggf. nach einiger Zeit ohne Besserung unter einem Vorwand ab, um den Patienten zu schützen.

- o Ich mache das ganz allein und mit mir selbst aus.

- o Ich breche die Therapie ab und lasse mich im Anschluss auf eine Beziehung mit dem (nun ehemaligen) Patienten ein.

> *Beispiel 4:*
> *Suizidalität*

- o Ich vermeide das Thema um den Patienten gar nicht erst auf diese Idee zu bringen.
- o Ich frage konkret nach.
- o Ich zeige dem Patienten, dass es keine Tabus für mich gibt und er mit mir über seine Probleme und Impulse sprechen kann.
- o Auf *„Verabschiedungen"* reagiere ich nicht. Dadurch möchte ich dieses Verhalten *„löschen"*.
- o Ich frage nach sozialen Kontakten.
- o Ich frage nach Interessen.
- o Ich frage nach Gründen, die gegen einen Suizid sprechen würden.
- o Ich frage nach der Möglichkeit eines Nicht-Suizid-Abkommens.

> *Beispiel 5:*
> *Der Patient wertet Sie ab:*

- Ich tue so als würden Sie die Bemerkungen gar nicht wahrnehmen und hoffe darauf, dass es sich nicht wiederholen wird.
- Ich gehe grundsätzlich davon aus, dass Kritik an mir unangebracht sein muss.
- Ich frage konkret und differenziert nach.
- Ich frage ihn, ob er sich in der Situation sieht in der er sich so etwas erlauben könne.
- Ich beende die Therapie auf der Stelle.
- Ich bemühe mich auch um die Wahrung meiner eigenen Belastungsgrenzen.
- Ich gehe zur Gegenentwertung über.
- Durch Gegenentwertung hoffe ich auf die Einsichtsfähigkeit des Patienten.
- Ich gehe zur Selbstentwertung über.

> *Beispiel 6:*
> *Der Patient versucht auch im privaten Kontext mit Ihnen in Kontakt zu kommen.*

- Ich nenne meine Gegengründe bestimmt und lehne ab.
- Ich kläre die Beziehung differenziert.
- Ich nehme die Möglichkeit wahr.
- Ich rede mich heraus, zum Beispiel: Zeitnot, Umzug, persönliche Probleme etc.
- Ich gebe mich betont „unnahbar", um sein / ihr Verhalten zu „löschen".
- Ich gehe zur Selbstentwertung über.
- Mit mehreren Witzen versuche ich die Situation zu entschärfen, ohne dem Wunsch des Patienten jedoch nachzukommen.

> *Beispiel 7:*
> *Der Patient reagiert aggressiv auf Sie:*

- o Ich beantworte Aggression mit Gegenaggression.
- o Ich verhalte mich defensiv und hoffe, dass diese situationsangepasste Unterwürfigkeit zur Deeskalation führt.
- o Ich vermittle nonverbale Sicherheit. Ich achte z.B. auf Blickkontakt, auf eine feste und dennoch freundliche Stimme.
- o Ich spreche meine Bedenken an.
- o Ich vereinbare Sicherheitssysteme mit Kollegen.
- o Ich breche die Therapie auf der Stelle ab.
- o Ich therapiere nur noch mit abschreckenden Utensilien in meiner Reichweite. (CS-Gas etc.)
- o Ich beachte die Regeln der gewaltfreien Kommunikation nach Rosenberg. (Siehe hierzu

Marshall Rosenberg, Wikipedia. Eine Recherche lohnt sich!).
- Aber auch die Echtheit, die Kongruenz und die Akzeptanz (s.o.) können hier richtungsweisend sein!
- Von Anfang an ist eine offene und ehrliche Haltung dem Patienten gegenüber von enormer Wichtigkeit.
- Ich möchte Ihnen allerdings auf keinen Fall unterstellen dies nicht zu wissen. Vielmehr gehe ich davon aus, dass es Teil Ihres Wunsches ist als Heilpraktiker / Heilpraktikerin für Psychotherapie zu arbeiten. Ich gehe davon aus, dass Ihnen andere Menschen wichtig sind, und dass Sie ein echtes Interesse daran haben anderen Menschen zu helfen. Die Tatsache, dass ich es nochmals extra betone ist nicht gegen Sie gerichtet.

LÖSUNGEN / Beispiel 1:

> *Zwangseinweisung*

Multiple Choice:

- Ich versuche den Patienten zu überzeugen.

Dies sollte immer der erste Weg sein.

Wenn der Patient freiwillig in die Klinik geht, kann ihr Vertrauensverhältnis unbeschadet bestehen bleiben.

Dies ist keinesfalls zu unterschätzen! Es kann auch das Vertrauen des Patienten /der Patientin in alle Ihnen nachfolgenden Behandler schädigen.

Erst wenn diese Maßnahme scheitert, ist an ein anderes Vorgehen zu denken.

Eine Einweisung sollte, falls das möglich ist, im idealen Fall mit der Zustimmung des Patienten / der Patientin erfolgen. Erfolgt es deutlich gegen den Willen des Patienten muss mit einer dauerhaften Einbuße von Vertrauen gerechnet werden.

> *Beispiel 2:*
> *Verliebtheit bei Patienten*

Multiple Choice:

- o Ich lobe den Patienten für seine Offenheit
- o Ich bespreche mit ihm die Situation.
- o Ich sage ihm, dass das keine Verliebtheit sei, sondern lediglich eine Schwärmerei, die sich sicherlich bald von allein legen wird.
- o Ich erkläre ihm meine persönlichen Defizite und hoffe ihn dadurch abzuschrecken.
- o Ich entwickle mit ihm gangbare Lösungen
- o Falls sich auch nach einer gewissen Zeit nichts ändert, muss ich die Therapie abbrechen.
- o Ich biete dem Patienten dann Hilfestellungen und Alternativen an und gebe ihm adäquate Adressen, an die er sich wenden kann.
- o Für eine bestimmte Übergangszeit vermittle ich.

> *Beispiel 3:*
> *Verliebtheit beim Behandler*

- Ich halte meine Gefühle zurück und bespreche sie in der Supervision.
- Ich breche die Therapie ggf. nach einiger Zeit ohne Besserung unter einem Vorwand ab, um den Patienten zu schützen.

(Anmerkung: Es ist hier eine Ausnahmesituation, was das Vorgeben eines anderen Grundes betrifft. Normalerweise sollten Ehrlichkeit und Transparenz vorherrschend sein.

Doch in diesem Fall geschieht dies zum Schutz des Patienten / der Patientin.

Der Patient / die Patientin könnten sich sonst unter Umständen eine gewisse Schuld geben, was einem therapeutischen Prozess zuwiderlaufen würde.

> *Beispiel 4:*
> *Suizidalität*

- Ich frage konkret nach.
- Ich vermeide das Thema, um den Patienten gar nicht erst auf diese Idee zu bringen.
- Ich zeige dem Patienten, dass es keine Tabus für mich gibt, und er mit mir über seine Probleme und Impulse sprechen kann.
- Auf „Verabschiedungen" reagiere ich nicht. Dadurch möchte ich dieses Verhalten „löschen".
- Ich frage nach sozialen Kontakten.
- Ich frage nach Interessen / Ressourcen
- Ich frage nach Gründen, die gegen einen Suizid sprechen würden.
- Ich frage nach der Möglichkeit eines Nicht-Suizid-Abkommens.

(Beispiel: Ich (Patienten Name) geb. XXX möchte mit diesem Vertrag, den ich jetzt abschließe, meinen neuen Weg noch stabiler und sicherer machen. Das bedeutet, dass ich für meine Familie – meinen Mann XXX und unsere Kinder XXX- da sein möchte und sie auch in suizidalen Krisen nicht verlieren/ verlassen möchte.

Um das zu gewähren, schließe ich mit Therapeut XXX den folgenden Vertrag (Nicht-Suizid-Abkommen):

- Ich werde mir bis zum ((Datum eintragen (nicht älter als 2 Jahre)) nicht das Leben nehmen. Sollte ich feststellen, dass ich den Vertrag nicht einhalten kann, verpflichte ich mich:
- 1. Erstmals erlernte Skills anzuwenden, wenn das nicht reicht:

2. Meinen Mann/ Frau XXX anzurufen (wenn nicht zu erreichen): 3. Meine Freundin XXX anrufen (Telefonnummer eintragen).

- 4. Meinen Therapeuten XXX anzurufen,
  5. und wenn er auch nicht zu erreichen ist mich in der Psychiatrischen Ambulanz XXX vorzustellen.
- Bevor der Vertrag endet, werde ich mit meiner Therapeutin / meinem Therapeuten über eine Verlängerung des Vertrages sprechen.
- Ort eintragen, das Datum (Unterschrift von Patientin)
- Ort eintragen, das Datum (Unterschrift Therapeutin). Den Vertrag werde ich auch bei meinem Notar, oder bei Therapeut / Therapeutin XXX hinterlegen. (Muster)

Fehler, die es zu vermeiden gilt:

> Die Suizid-Anamnese darf niemals mangelhaft erhoben werden.
> Die möglichen Trennungsängste des Patienten bei längerer Abwesenheit des Therapeuten (z.B. bei Urlaub, Krankheit

oder Weiterbildung) dürfen nicht übersehen werden.
- Bagatellisierungstendenzen des Patienten nicht unterstützen!
- Nicht vorschnell auf das hören, was man hören „möchte".
- Paradoxe Interventionen sind unbedingt zu vermeiden. Also: Keine scheinbaren Ermutigungen zum Suizid, um so Trotz und möglichen Lebenswillen des Patienten„*herauszufordern*".
- Vorschnelle Tröstungen sind unbedingt zu vermeiden! Was könnte noch auf Suizid hinweisen? Nachfragen! Andeutungen wie: „Bald werden sich alle Probleme gelöst haben", ernst nehmen!
- Bleiben Sie wachsam, und lassen Sie sich nicht zu schnell von der „Harmlosigkeit"

und „Haltlosigkeit" des Gesagten *„überzeugen".*
- Klären: Wie verhalten Sie sich im Vorfeld und in der akuten Notfallsituation?
- Der Ernstfall muss geplant sein.
- Es besteht sonst die Gefahr, dass Sie in der konkreten Situation überfordert sind. Dies gilt es unbedingt zu vermeiden. (s.a.: Zwangseinweisung, psychiatrischer Notfall).
- Je öfter Sie diese Situation gedanklich üben, umso besser. (Automatisierung)

Präsuizidales Syndrom nach Ringel:
- Aggressionshemmung
- Einengung der sozialen und psychischen Lebensbereiche. Bisherige Interessen, Hobbies etc. werden in diesem Stadium häufig vernachlässigt oder aufgegeben.

- Todesphantasien. Besonders gefährlich ist es, wenn sich die Todesphantasien sozusagen von selbst aufdrängen.

Suizidales Achsensyndrom nach Mitterauer

Offene od. versteckte Suizidalität. Direkte od. indirekte Suizidankündigung. Vorhandensein einer Psychose – Endogenen Depression, Schizophrenie, exogenen Psychose = mehr Suizidalität.

Suizidpositive Familienanamnese!?!

Suizid und Jahreszeit

- Suizidalität: In den Monaten Mai und Juni ist die Suizidrate besonders hoch!

Suizid und Hilferuf

- Über 70% gehen im Monat vor dem Suizid nochmals zu einem Arzt. Meistens allerdings geben sie eine körperliche Problematik an. Die seelischen Aspekte werden i.d. R. nicht gesondert erwähnt.

➢ Sehr häufig werden Signale an die Außenwelt gesendet.

➢ Häufig sind Signale und Äußerungen *„verschlüsselt"* und müssen erst dechiffriert werden. Doch auch hierfür kann man seine Wahrnehmung schärfen.

➢ Diese Mühe lohnt sich, denn sie kann unter Umständen Leben retten!

➢ Innere Vorbereitung ist hier besonders wichtig!

ÜBERLEGEN SIE SICH MÖGLICHE WARNSIGNALE SELBST UND LISTEN SIE DIESE HIER AUF, EBENSO WIE IHRE GANZ PERSÖNLICHEN IDEEN ZU EINER MÖGLICHEN INTERVENTION:

Hinweise zur Exploration von Suizidgedanken:

> Erfragen aktueller Suizidgedanken (Lebensunlust, Wunsch nach Pause, Ruhe).
>
> Erfragung aktueller psychopathologischer Symptomatik: Depressivität, Angst, Suchterkrankung, Hoffnungslosigkeit.
>
> Erfragen der Anamnese Faktoren: Psychiatrische Erkrankungen?
>
> Suizidale Krisen in der Vergangenheit), biographische Belastungsfaktoren?
>
> Erfragen der momentanen Lebensumstände: gibt es besondere belastende Probleme und Ereignisse?
>
> Gibt es tragende soziale Bindungen?
>
> Gibt es weltanschauliche oder sonstige Bindungen?

Gibt es noch Interessen im Leben des Patienten?

Gibt es sonstige alternative Gedanken?

Beachten typischer Redewendungen: „Bald werden sich alle Probleme ohnehin gelöst haben" oder Beachten typischer Verhaltensweisen: Der Patient / die Patientin bedankt sich in auffälliger Form bei Ihnen, schenkt Ihnen etwas (Abschiedsgeschenk).

Verherrlichung von Menschen, die sich bereits das Leben genommen haben?

Äußerungen des Wunsches nach „Frieden"?

Plötzliche Gelassenheit und Ruhe?

Sonstige Veränderungen im Aussehen und Verhalten des Patienten / der Patientin?

Eigene Impulse/ Gefühle? (Reflexion!)

> *Beispiel 5:*
> *Der Patient wertet Sie ab:*

- Ich gehe grundsätzlich davon aus, dass Kritik an mir unangebracht sein muss.
- Ich tue so, als würde ich die Bemerkung gar nicht wahrnehmen und hoffe darauf, dass es sich nicht wiederholen.
- Ich frage konkret und differenziert nach.
- Ich frage ihn, ob er sich in der Situation sieht, in der er sich so etwas erlauben könne.
- Ich bemühe mich auch um die Wahrung meiner eigenen Belastungsgrenzen.
- Ich gehe zur Gegenentwertung über-
- Hierdurch hoffe ich auf die Einsichtsfähigkeit des Patienten.
- Ich gehe gezielt ebenfalls zur Selbstentwertung über, um eine Verbindung zum Patienten zu schaffen.

> *Beispiel 6:*
> *Der Patient versucht auch im privaten Kontext mit Ihnen in Kontakt zu kommen.*

- Ich nenne meine Gegengründe freundlich aber bestimmt und lehne ab.
- Ich kläre die Beziehung differenziert.
- Ich achte auf eine klare Sprache.
- Ich nehme die Möglichkeit wahr.
- Ich „erkläre" diesen Wunsch tiefenpsychologisch und bagatellisiere ihn.

> *Beispiel 7:*
> *Der Patient reagiert aggressiv auf Sie:*

- Ich vermittle nonverbale Sicherheit. Ich achte z.B. auf Blickkontakt, auf eine feste und dennoch freundliche Stimme.
- Ich spreche meine Bedenken an.

- Ich vereinbare Sicherheitssysteme mit Kollegen.
- Ich beachte die Regeln der gewaltfreien Kommunikation nach Rosenberg.
  (Siehe hierzu Marshall Rosenberg, Wikipedia. Eine Recherche lohnt sich!)

Aber auch die Echtheit, die Kongruenz und die Akzeptanz (s.o.) können hier richtungsweisend sein!

Von Anfang an ist eine offene und ehrliche Haltung dem Patienten gegenüber von enormer Wichtigkeit!

Erste Hilfe in der Praxis und rechtliche Situation

Unterscheidung des Notfalls nach Dringlichkeitsstufen (nach Dubin, 1993)

A) Absoluter Notfall:

Alkoholentzugssyndrom (Delir),

Hochgradige Erregtheit (Psychose),

Schwere Intoxikation (z.B. Medikamente)

Beabsichtigter oder erfolgter Suizid

In Deutschland sterben jährlich rund 11.000 Menschen an Suizid. Alle 50 Minuten stirbt in diesem Land ein Mensch durch Suizid. Dies ist eine beängstigende Zahl! Hinter jeder dieser Zahlen steht ein einzelnes Schicksal.

Besonders gefährdet sind Depressive, Männer, ältere Menschen ab 65, Alleinstehende, chronisch oder akut erkrankte Menschen.

B) Relativer Notfall:

Bizarres Verhalten (Demenz, Schizophrenie)

Akuter Erregungszustand (z.B. im Partnerschaftskonflikt oder bei sonstigen akuten Einbrüchen im Lebenskontext des Betroffenen.)

Geäußerte Selbst- oder Fremdtötungsabsichten

Konkrete Suizidpläne und / oder Suizidvorbereitung,

Trunkenheit,

Verwirrtheit,

Unberechenbarkeit,

Widersprüchlichkeiten

Hier müssen Sie genau abwägen, und alle Ihnen zugänglichen Informationen aufnehmen.

Der „relative" Notfall ist ein Notfall!

Ihre gesamte Konzentration muss auf dem Patienten liegen. Nehmen Sie sich ausreichend Zeit!

Kriterien für die Klinikeinweisung:

- Patient ist psychotisch-wahnhaft,
- Allein stehend ohne soziale Unterstützung,
- Persistierende Suizidgedanken und keine Distanzierung trotz ärztlicher Intervention,
- Zunehmend gefährlichere Suizidversuche

Ihre Notizen:

_____

_____

_____

_____

_____

_____

_____

Vorgehen beim psychiatrischen Notfall/ Psychische Krise (Schnyder,1993)

Situationsanalyse:

Liegt ein Notfall oder eine Krise vor? Worum geht es? Wie dringlich ist der Notfall (Einweisung, Polizei)?

Kontakt.: Ruhe, Zielorientiertheit, Zeit, Einbeziehen von Angehörigen.

Problemanalyse: Was ist passiert? Was führte zur Dekompensation? Eigen- und Fremdanamnese

Coping- und Ressourcenanalyse: Gab es in der Vergangenheit bereits eine solche Situation? Falls ja: Was hat geholfen?

Problem- und Zieldefinition: Diagnose und Differentialdiagnose, Mitteilung über die ärztliche Einschätzung und die geplanten Schritte (z.B. Einweisung), eventuell sofortige Medikamentengabe. (Vom Arzt; selbstverständlich nicht von Ihnen als HPP). Denken (inhaltlich): Wahnideen (korrigierbares Festhalten an eigener Vorstellung), Verfolgungs- Größenideen (Schizophrenie, Manie, Alkoholintoxikation), Verarmungswahn (Depression), Beziehungsideen.

(*Die Dinge werden als bedeutungsvolle Zeichen erlebt: Schizophrenie, Zwangsgedanken, Zwangshandlungen (Realitätsbezug bei Zwangsgestörten vorhanden, nicht bei Schizophrenen).

Selbstgefährdung / Fremdgefährdung: Depression, Persönlichkeitsstörungen.

Beispiel: *„Haben Sie das Gefühl, dass Ihr Leben keinen Wert mehr hat? Kam Ihnen schon einmal der Gedanke an Selbstmord? Haben Sie sich bereits überlegt wie Sie sich das Leben nehmen würden?"*

Es ist ratsam diese Dinge konfrontativ zu benennen! So kann man der Angst, über dieses *„Tabuthema"* zu sprechen, entgegenwirken.

Affektivität: Affekt ist sozusagen der kurzlebige Ausdruck einer bestimmten Stimmung (zufrieden, traurig, furchtsam, zornig). Flacher Affekt (Parkinson), labiler Affekt (Demenz, Manie).

Wahrnehmung: Bsp.: Illusionäre Verkennung (Drogen, Angststörung), unterschiedliche Formen von Halluzination (akustisch) bei Schizophrenie und Alkoholpsychose, Halluzinationen (optisch) bei Delir, Drogenintoxikation, (olfaktorisch, gustatorisch) bei Epilepsie.

Mögliche Probleme bei der Leitung von therapeutischen Gruppen

Neben der Einzeltherapie gibt es auch Gruppenmethoden, in denen sie als Moderator / Moderatorin zu agieren haben.

Aufgaben des Moderators

Dazu gehören Sach- und Fachkompetenz, pädagogische sowie soziale und psychologische Kompetenz. Das Vermitteln eines tragenden Sicherheitsgefühls ist für Teilnehmer sehr lern- bzw. bindungsfördernd und supportiv.

Pädagogische, didaktische Kompetenz:

Didaktische und methodische Kompetenz, z.B.: unterschiedliche Lehrwege und variierende Vermittlungmethoden wählen, ebenso jeweils verschiedene Zugangsweisen.

Das hängt natürlich auch sehr von den jeweils zu vermittelnden Inhalten ab. Beim Leiten einer Gruppe im AT sollten Sie darüber hinaus auf andere Faktoren achten, wie beim Leiten einer Motivationsgruppe (Sprachgestaltung, gesamte Stimmlage, Lautstärke, gesamter Sprachduktus).

Soziale / psychologische Kompetenz:

Kommunikation

Setzen von klaren Signalen nicht nur in der Sprache, sondern auch durch Körpersprache, Mimik und Gestik ist zentral. Wichtig ist die Akzeptanz gegenüber den anderen, um mit dieser positiven Haltung den Abbau von Hemmungen und diversen Ängsten bei den Teilnehmern zu ermöglichen.

Motivation

Das menschliche Verhalten wird im Wesentlichen durch zwei relativ einfache psychologische Mechanismen beeinflusst:

> Belohnung und Verstärkung
>
> Erwartungen und Selbstvertrauen

Wichtig: Wird ein Teilnehmer zu einem Verhalten genötigt, oder hat er kein Vertrauen, wird die Übung nur halbherzig oder lustlos ausgeführt. So läuft es recht sicher auf einen Misserfolg hinaus.
Ebenfalls berücksichtigen muss man negative Erfahrungen, wie Überanstrengung und psychische Erfahrungen wie z.B. Frustration.

Interaktion/ Integration

Gruppendynamische Prozesse haben einen großen Einfluss auf das Verhalten der Teilnehmer und bestimmen das Dabeibleiben und/ oder Aussteigen, vor allem aber ist es entscheidend für den Lernerfolg bzw. den therapeutischen Erfolg. Daher ist die Schaffung eines positiven Gruppenklimas durch den Gruppenleiter sehr wichtig.

Gruppenphänomene

- Jede Gruppe entwickelt sich und durchläuft dabei jeweils verschiedene, aufeinander abfolgende Entwicklungsprozesse.
- Die Gruppe kann auf einzelne Mitglieder Druck ausüben, der nicht unerheblich ist.
- Generell herrscht in Gruppen ein gewisses Bedürfnis nach Sicherheit und Bestätigung.
- Innerhalb einer Gruppe hat jeder eine bestimmte Rolle inne (Führer, Außenseiter...).
- In jeder Gruppe gibt es bestimmte Normen und Regeln (variierender Gruppenkonsens).

Aufgabe des Gruppenleiters

Förderung von physischen, psychischen und sozialen Ressourcen; Vermittlung von Risikofaktoren und Bewältigung von Beschwerden. Persönliche Erwartungen und Selbstwirksamkeitserwartungen bei den Teilnehmern müssen berücksichtigt werden.

Führungsfunktion und Führungsverhalten

Die Führungsfunktion besteht aus folgenden Teilfunktionen:

- Planung
- Vermittlung
- Kontrolle

Der Führungsprozess bezieht sich auf die Steuerung und Regelung sozialer Gruppenprozesse, sowie die Organisation sachlicher Kooperationsaufgaben. Umgesetzt wird dies durch das Führungsverhalten, welches von folgenden Faktoren abhängig ist: Situative und überdauernde Gruppenbedingungen, sowie die personellen Voraussetzungen der Übungsleiter und Gruppenmitglieder.
Die Konsequenz daraus spiegelt sich in den Fortschritten und in den Leistungen, sowie der Zufriedenheit der Gruppenmitglieder wider.

Didaktik

Die Gestaltung des Einstiegs und die Gestaltung des Abschlusses sind von ganz zentraler Wichtigkeit. Selbstverständlich gilt dies für alle Bereiche. Auch die Übungen sind davon nicht ausgenommen. Nur gelten für die Anfangs- und für die Endphase andere Überlegungen. Didaktische und auch methodische Kompetenz, z.B.: unterschiedliche Lehrwege und variierende Vermittlungsmethoden, verschiedene Zugangsweisen (s.o.). Auch psychoeduktive Inhalte müssen sinnvoll aufeinander abgestimmt und gut dosiert vermittelt werden. Zu bedenken ist, dass es sich im Wesentlichen um die Arbeit mit Erwachsenen handelt, so dass auch Methodik / Didaktik darauf abgestimmt werden müssen.

Erwachsene werden nicht gerne nur mit Fakten konfrontiert.
Sie lernen besser, wenn sie Teil des Lerngeschehens und der Lernprozesse sein können. Hier gilt es die richtige Balance herauszufinden, denn trotz allem sollten die Fäden immer wieder beim Gruppenleiter zusammenlaufen.

Man wird immer wieder versuchen dies zu unterlaufen. Darauf müssen Sie als Gruppenleiter daher besonders achten!

Richtlinien zur Durchführung des Heilpraktikergesetzes vom 14.02.1997 (StAnz. 10/1997 S. 813) unter Berücksichtigung der Änderung vom 15.12.2000 (StAnz. 2/2001 S. 99)

---

1. Wer die Heilkunde ohne Ärztin oder Arzt zu sein ausüben will, bedarf dazu der Erlaubnis nach § 1 des Gesetzes über die berufsmäßige Ausübung der Heilkunde ohne Bestallung (Heilpraktikergesetz - HPG) vom 17.02.1939, (RGBl. I S. 251), zuletzt geändert durch Gesetz vom 02.03.1974 (BGBl. I S. 469).

Ausübung der Heilkunde ist jede berufs- oder gewerbsmäßig vorgenommene Tätigkeit zur Feststellung, Heilung oder Linderung von Krankheiten, Leiden oder Körperschäden bei Menschen, auch wenn sie im Dienst von anderen ausgeübt wird (§ 1 Abs. 2 HPG).

2. Die Berufsausübung ist eingeschränkt; Heilpraktikerinnen und Heilpraktiker sind insbe-sondere nicht befugt:

2.1 Geburtshilfe zu leisten (§ 4 des Gesetzes über den Beruf der Hebamme und des Entbindungspflegers vom 04.06.1985 (BGBl. I S. 902), zuletzt geändert durch Gesetz vom 27.04.1993 (BGBl. I S. 512, 521), 2.2 Untersuchungen auf Geschlechtskrankheiten und Krankheiten oder Leiden der Geschlechtsorgane sowie ihre Behandlung vorzunehmen (§ 9 des Gesetzes zur Bekämpfung der Geschlechtskrankheiten vom 23.07.1953 (BGBl. I S. 700), zuletzt geändert durch Gesetz vom 02.08.1994 (BGBl. I S. 1963, 1983), 2.3 meldepflichtige übertragbare Krankheiten zu behandeln (§ 30 in Verbindung mit § 3 Abs. 1 und 2 des Gesetzes zur Verhütung und Bekämpfung übertragb. Krankheiten b. Menschen-Bundes-Seuchengesetz in der Fassung vom 18.12.1979 (BGBl. I S. 2262, bereinigt BGBl. I 1980 S. 151), zuletzt geändert durch Gesetz vom 25.05.1995 (BGBl. I S. 746), 2.4 verschreibungspflichtige Arzneimittel zu verordnen (§§ 48, 49 des Gesetzes über den Verkehr mit Arzneimitteln in der Fassung vom 19.10.1994 (BGBl. I S. 3018), 2.5 Betäubungsmittel zu verordnen (Verordnung über das Verschreiben, die Abgabe und den Nachweis des Verbleibs von Betäubungsmitteln in der Fassung vom 16.09.1993 (BGBl. I S. 1637), zuletzt geändert durch Gesetz vom 24.06.1994 (BGBl. I S. 1416).

Dieses bitte auswendig lernen! (Seitenzahlen nicht)

> Vorsicht vor den „Versuchungen der Gewissheit":
>
> Auch der psychiatrische Wahn enthält ein Stückchen Wahrheit, und die Überzeugung des Kranken greift von dieser Wahrheit aus auf die wahnhafte Umhüllung über.
>
> Sigmund Freud (1856 - 1939), österreichischer Psychiater und Begründer der Psychoanalyse

Ethik - Richtlinien

http://www.bdp-verband.org/bdp/verband/ethik.shtml

Diese Ethik Richtlinien gelten für Psychologen. Sie sollten sich aber auch als HPP an diese Richtlinien halten. Bitte lesen Sie diese Richtlinien aufmerksam durch! Sie beziehen sich auf wichtige Punkte wie:

- Sorgfaltspflicht,
- Verantwortung,
- Pflicht zur Dokumentation,

- Erhebung von Daten,
- Umgang mit und Speicherung von Daten,
- Schweigepflicht,
- Kollegiales Verhalten,
- Zusammenarbeit,
- Transparenz.

Es lohnt sich auf diese Weise zu üben.

Auch vor der Prüfung können Sie sich mit diesem Thema befassen, sich Hinweise und Tipps von (zukünftigen) Kollegen holen, sich gründlich mit der Datenschutzverordnung auseinandersetzen und ruhig schon einmal die Erhebung und Speicherung von Daten an einem „Musterfall" durchführen.

Je besser sie vorbereitet sind, je selbstverständlicher Sie sich selbst bereits in der Rolle des / der HPP für Psychotherapie sehen, umso geringer wird in der Regel die Prüfungsangst sein.

Für alle Fälle habe ich hier jedoch nochmals einen gesonderten Teil verfasst, welcher sich mit diesem Thema auseinandersetzt und Anregungen geben soll.

(Mentale Verfahren, Entspannungsverfahren, Atem)

Weitere Fallstricke in der Prüfung: Umgang mit Nervosität und Prüfungsangst

1. Sehr wichtig: Keine Angst vor Fehlern! Gerade in mündlichen Prüfungen ist es nicht schlimm sich zu korrigieren.

    Der Prüfer weiß, dass Aufregung dazu gehört.

2. Konzentration auf den Inhalt, nicht auf Euch selbst!

3. Geht bei der Vorbereitung kein zu großes Risiko ein. Bereitet Euch nicht nur auf die Themen vor, von denen ihr glaubt, sie werden abgefragt. Lernt alles! Wenn Ihr die Gewissheit habt alles, was gefragt werden kann, schon einmal gesehen zu haben bzw. zu wissen, ist es das. In den meisten Fällen sind die Prüfer fair.

4. Gute Vorbereitung ist eines der besten Mittel gegen Prüfungsangst. (S.o.) Das mag banal klingen ist aber erwiesen. Aus langjähriger Arbeit in der Prüfungsvorbereitung kann ich das bestätigen. Ich finde, dass das Mut macht, da man an der eigenen Prüfungssituation auf diese Weise mitwirken kann. („Selbstwirksamkeit"; „Proaktives Coping").

5. Wendet zusätzlich schon mehrere Wochen vorher eine Entspannungstechnik an. Das kann Yoga sein, Autogenes Training oder die Progressive Muskelrelaxation. Auch Sport ist hilfreich!

6. Wendet kognitive Strategien der Angstbewältigung an. Ein Beispiel hierfür ist die Technik des Gedankenstopps.

7. Diese Technik ist ein Teil der verhaltenstherapeutischer Intervention, sie wird aber verstärkt auch im schulischen Bereich und zur Verminderung von Prüfungsangst eingesetzt.

Hier ist eine Übung für Dich. Bitte denke daran, dass Du regelmäßig üben musst damit Du ein Ergebnis erzielst. Es ist wie beim Sport. Räkle und strecke dich- schließe nun deine Augen. Achte nun auf deine beiden Arme. Bilde nun Fäuste---anspannen und entspannen.
Spanne beide Arme an und halte diese Spannung für einen Augenblick. Achte nun auf dein Gesicht. Mache eine Grimasse. Halte die Spannung für einen Moment, entspanne nun dein Gesicht. Die Entspannung dehnt sich aus auf der Stirn, den Wangen, deinem Mund. Deine Zahnreihen berühren sich nicht mehr.
Achte nun auf deine Schultern. Ziehe deine Schultern hoch und halte diese Spannung für einen Augenblick.
Nun entspanne deine Schultern noch etwas mehr.
Achte nun auf deine Atmung. Wie atmest du gerade? Fülle

deinen Körper mit Luft und halte für einen Augenblick die Luft an. Lass die Luft heraus. Nun geht dein Atem ganz ruhig ein und aus.
Achte nun auf deinen Bauch. Kommt dein Atem auch manchmal in deinem Bauch an? Ziehe deinen Bauch ein. Halte diese Spannung für einen Moment.
Entspanne deinen Bauch. Ganz ruhig geht dein Atem ein und aus, ganz ruhig ein und aus. Sicher kannst du dich noch mehr entspannen und loslassen.
Achte nun auf deine Beine. Drücke beide Beine fest auf den Boden; spanne auch deine Po-Muskulatur an. Entspanne jetzt wieder beide Beine und die Gesäßmuskulatur. Nun entspanne dich wieder und genieße den Zustand der Entspannung noch eine Weile. Wiederhole diese Übung sooft du die Zeit dazu findest.

Stressimpfungstraining von Meichenbaum

Am Beispiel des von Dr. Donald Meichenbaum (SIT) entwickelten, wirksamen *Stressimpfungstrainings (Stress inoculation training)* soll der Aufbau und das Prinzip eines Stressmanagements konkret aufgezeigt werden, welches auch bei der mündlichen Prüfung hilfreich sein kann.

Das Stressimpfungstraining dient dazu Menschen zu helfen Stress hervorrufende Ereignisse zu bewältigen. Die Teilnehmer(innen) lernen im Training gezielt Bewältigungsstrategien und wenden sie dann in einer

Stress auslösenden Situation an. Das Training ist in drei Teile gegliedert:

1. *Informationsphase*,
2. *Übungsphase* und
3. *Anwendungsphase*.

1. Informationsphase: In der ersten Phase erklärt der Therapeut, dass nicht die Ereignisse selbst Stress hervorrufen, sondern die Art wie die Ereignisse wahrgenommen werden. Den Klienten wird deutlich gemacht, dass sie die Ereignisse anders wahrnehmen und mit ihnen so umgehen können, dass sie weniger Stress auslösen. Dazu wird der Ablauf von Stress-Situationen in 5 Schritte unterteilt:

a. Vorbereitung auf die Stress-Situation,
b. Konfrontation und Umgehen mit der Stress-Situation,
c. Umgehen mit zeitweiligen Schwierigkeiten während der Bewältigung,
d. Bewertung der Stressbewältigung,
e. Selbstbelohnung bei gelungener Bewältigung.

2. Übungsphase: In dieser Phase lernt und übt der Klient Bewältigungsstrategien und ihren sinnvollen Einsatz. Auch wenn die zu lernenden Strategien von dem Problem des einzelnen Klienten abhängen, so werden doch häufig 4 allgemeine Strategien geübt: *Entspannung*, bewusstes *kognitives Umstrukturieren* (Veränderung der typischen Gedanken über Stress-Situationen), *problemlösende Selbstinstruktionen* und *selbstbelohnende Selbstinstruktionen*. Neben diesen werden dann häufig weitere problemspezifische Bewältigungsstrategien geübt.

3. Anwendungsphase: In der Anwendungsphase werden die Klienten mit potentiellem, typischerweise Stress auslösenden Situationen konfrontiert. Zuerst geschieht dies in der (geschützten) Therapiesitzung über Vorstellungsübungen und Rollenspiele, dann als Übungen in realen Situationen. Bei all diesen Übungen werden drei grundlegende Prinzipien beachtet:

1. *Frühzeitiges Erkennen,* wo die Stress-Situation und individuelle Stressreaktionen beginnen. Als externe Auslöser können z.B. Personen, Worte, Orte und Gerüche in Frage kommen. Interne Auslöser sind zum Beispiel Herzfrequenz, Schwitzen und andere, vergleichbare körpereigene Reaktionen. Der Zweck des frühzeitigen Erkennens ist die frühzeitige Intervention. Zu den frühzeitigen Reaktionen gehören typische Gedanken (z.B. das sog.

Katastrophendenken), motorische Unruhe und bspw. (z.T. schwere vegetativ-physiologische Reaktionen z.B. im Bereich von Magen und Darm.

2. *Frühzeitiges Unterbrechen der ungünstigen Stressreaktionen und sofortige Aktivierung von Alternativen:* Der Patient lernt nicht daran zu denken, was alles Schreckliches passieren könnte, sondern was er tun kann, um die Situation zu bewältigen.

3. *Direkte / konkrete Konfrontation mit den stressauslösenden Reizen:* Der Patient setzt sich aktiv unter Verwendung angemessener Bewältigungsstrategien mit der konkreten Stress-Situation gezielt auseinander.

4. Zur *Rückfallprävention* werden Vorschläge gemacht wie die Patienten mit Misserfolgen in realen Situationen umgehen können, z.B. diese Misserfolge als Lernerfahrungen zu interpretieren oder in den Therapiesitzungen diese Situationen (erneut) zu üben.

5. Das Stressimpfungstraining von Meichenbaum kann in vielen Bereichen angewendet werden. Es kann auch mit Methoden wie dem Autogenen Training oder der Progressiven Muskelrelaxation (s.o.) verknüpft werden. Oft geschieht dies in Bezug auf Angst, Ärger

und Schmerz. Es kann z.B. als Einzel- oder Gruppentraining durchgeführt werden.
6. Obwohl das Training meistens mit Erwachsenen durchgeführt wird, gibt es auch Anwendungen bei Kindern.

Nicht angezeigt ist ein solches Training jedoch bei

- Wahrnehmungsstörungen(Zeitwahrnehmung)
- Überforderung im Beruf, die viele Ursachen haben kann, z.B. Selbstüberschätzung, Mangel an Kompetenz, Intelligenz und Begabung,
- Unterforderung, die z.B. bei hoher Kreativität in einem Routinejob oder durch Hochbegabung auftreten kann,
- Hohen Leistungsansprüchen, z.B. Perfektionismus kann dabei allerdings nicht durch Stressmanagement behandelt werden.

Literarische/ Biographische Beispiele:

Es empfiehlt sich auch konkrete Erfahrungsberichte zu lesen. Immerhin steht hinter jedem „Fall" ein Mensch. Speziell diese Bücher hier habe ich selbst gelesen und kann sie Ihnen, zu einem tieferen Verständnis, und auch zum Entwickeln eines eigenen, reflektierteren, tieferen, besseren, nuancenreicheren Selbstverständnisses sehr ans Herz legen!

> „Medium seines erziehenden, beratenden, be-treuenden oder helfenden Umgangs mit anderen Menschen ist seine eigene Person." (SCHIEK)

Gerade wenn Sie noch nicht über eine Therapie-Ausbildung verfügen, und Sie Ihr eigenes Selbstverständnis noch nicht ausbilden konnten, hilft eine Auseinandersetzung mit dieser Literatur ein solches Selbstverständnis mit aufzubauen und, Stück für Stück, weiterzuentwickeln.

Und dies ist, meiner Meinung nach, auch häufig mit der größte Fallstrick überhaupt! Sowohl in der Prüfung, als auch zu Beginn des Berufslebens. Aus diesem Grund weise ich ganz besonders dringlich darauf hin. Die Prüfer/ Prüferinnen werden Sie höchstwahrscheinlich auf diesen Aspekt hin „abklopfen".

Es gibt spezielle Literatur für Therapeuten, wie den Klassiker von W. Schmidtbauer: „Die hilflosen Helfer", aber eben auch Literatur, in welcher die Patienten ihre Situation beschreiben. Zur Förderung von Empathiefähigkeit und einem umfassenderen Verständnis der Gesamtsituation empfehle ich die Lektüre dieser, und vergleichbarer, Bücher. Es gibt Bücher zum Thema Erkrankungen aus dem schizophrenen Formenkreis, Erfahrungen etwa mit Borderline, mit Zwängen, Essstörungen, mit Selbstverletzungen, Depression, unterschiedlichste neurologische Erkrankungen und diversen Angsterkrankungen.

Anbei beispielhaft einige dieser ausgesuchten Werke:

Depression:

Über dieses Buch haben mir auch betroffene Patientinnen / Klientinnen viel Gutes berichtet. Ich kann es sehr empfehlen. Es ist von einem Therapeuten geschrieben, wohingegen die unten genannten Bücher von einer Betroffenen geschrieben sind. Ebenfalls äußerst zu empfehlen! Dieses Buch verharmlost die Erkrankung der Depression nicht, Dennoch macht es Mut, bringt zahlreiche Praxisbeispiele. Meines Erachtens handelt es sich hierbei um einen durch und durch gelungenen Ratgeber.

Angst

Depression mit Angst

In diesen Büchern kommen oft auch Betroffene zu Wort; in einigen Fällen auch Betroffene, die gleichzeitig als Psychotherapeuten arbeiten und/ oder in Selbsthilfegruppen und Kompetenz-Netzwerken tätig sind. Die Autorin dieser Bücher ist ebenfalls nach dem Heilpraktikergesetz tätig. Sie schreibt sehr lebendig und eindrucksvoll.
Zu den Therapie-Manuals:

Therapie-Manuals:

Sämtliche beim Hogrefe-Verlag erschienenen Therapie-Manuals sind von mir zu empfehlen. Es wird ein großer Bereich abgedeckt, von PTB, von Alkoholabhängigkeit, Depressionen, Therapie von unterschiedlichen Angsterkrankungen, Essstörungen, Prokrastination, von Kopfschmerztherapie, Therapie bei diversen Konzentrationsstörungen, sozialer Ängstlichkeit, einem gezielten Training zum Selbstmanagement, Suchterkrankung (Cannabis), ADHS im Erwachsenenalter, Verhaltenstherapie in Gruppen. Zudem empfehle ich das nachfolgende Handbuch, in dem alles hervorragend zusammengefasst ist. Es lohnt sich in die Sekundärliteratur zu investieren. Natürlich geht das nicht ohne zum Teil erheblichen finanziellen Aufwand; doch gibt es alternativ z.B. gute Tauschbörsen, durch Ausverkäufe, preislich durch leichte Beschädigung herabgesetzte Bücher, durch den Zugang zu Universitätsbibliotheken etc.

Liste persönlicher Ressourcen:

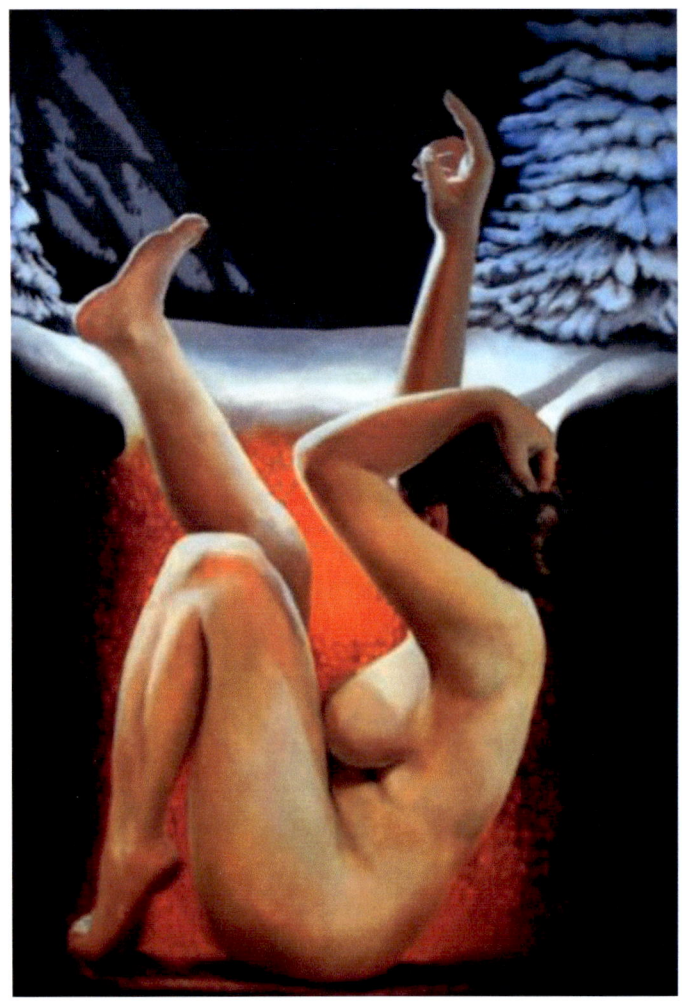

Gesondert aufschreiben! Gut sichtbar aufhängen!

Wichtige Links für Prüflinge und Berufsanfänger:

Schriftliche Prüfung:

http://www.heilpraktiker-psychotherapie.de/schriftlichepruefung/

Kostenerstattung durch die Krankenkasse:

http://www.vfp.de/verband/verbandszeitschrift/alle-ausgaben/24-heft-03-2006/119-kostenerstattung-durch-gesetzliche-krankenkassen.html

Prüfungsfragen:

http://www.heilpraktiker-pruefungsfragen.de/

https://www.youtube.com/watch?v=CHZgPpi_rto

Definitionen / Abgrenzungen:

http://www.therapie.de/psyche/info/fragen/unterschied-psychotherapeut-psychologe-psychiater/

Selbststudium:

http://www.heilpraktiker-selbststudium.de/?gclid=CObYuY3fnbkCFchX3godiEkANQ

https://www.youtube.com/watch?v=ykPTx7pK4FU
https://www.youtube.com/watch?v=53CiD7zaOzk

Gebührenverzeichnis für Heilpraktiker:

http://www.paracelsus.de/recht/hp_geb.html

Weitere Tipps gegen Prüfungsangst

https://www.youtube.com/watch?v=-ATDrAv1hQQ
https://www.youtube.com/watch?v=Cv4JeKQ7N3c
https://www.youtube.com/watch?v=ch916rXB7ZI
https://www.youtube.com/watch?v=Prt4OzaNkxg
https://www.youtube.com/watch?v=oZIfOHo9Xu4
https://www.youtube.com/watch?v=dzL2GIYyQiE

Organisch bedingte psychische Erkrankungen

https://www.youtube.com/watch?v=u9IiFftbSOQ

(mehrere Teile)

https://www.zimannheim.de/fileadmin/user_upload/downloads/lehre/flyer/Flyer-Organische_psychische_Stoerungen.pdf

http://flexikon.doccheck.com/de/GK2_-_Organische,_einschlie%C3%9Flich_symptomatischer_psychischer_St%C3%B6rungen

https://www.youtube.com/watch?v=oi6-82Kdf_Q
https://www.youtube.com/watch?v=SfcHD_vqNzc

Gruppenphänomene

https://www.youtube.com/watch?v=FKANuP-iM3E

https://www.youtube.com/watch?v=K1Nuv_olwus

https://www.youtube.com/watch?v=yP2ZoM2eGuA

https://www.youtube.com/watch?v=7ofro1JkgW8

Berufsbild

https://www.youtube.com/watch?v=BpVdRPSf7TY

Berufsverband:

http://www.vfp.de/

Selbsthilfe – und Selbsthilfegruppen:

http://www.depressionsliga.de/unser-angebot/selbsthilfe-bei-depressionen/selbsthilfegruppen/gruppe-suchen.html

http://www.arbeitskreisdepressionen.de/pages/selbsthilfegruppen.php

http://www.schizophrenie-netz.info/news.php

http://www.zwaenge.de/selbsthilfe/frameset_selbsthilfe.htm

http://www.einblicke-altenburg.de/?q=node/1667

http://www.sucht-am-arbeitsplatz.de/themen/beratung-und-hilfe/sucht-selbsthilfe.html

https://www.youtube.com/watch?v=5_ezF6O4yQA

Kontakt: CJ.Schulze@gmx.de

Dr. Claudia J. Schulze, HP / Psychotherapie & Pädagogische Psychologie

Über diese E-Mail-Adresse beantworte ich auch weitergehende inhaltliche Fragen und kommentiere Ihre Notizen.

Es entstehen hierbei keine zusätzlichen Kosten.

Alle Angaben sind ohne Gewähr! Gerne können Sie mir auch Feed-back und Verbesserungsvorschläge zusenden.

Wenn Ihnen das Buch bei Ihrer Prüfung geholfen hat, freue ich mich ebenfalls sehr über eine diesbezügliche Nachricht.

Ich hoffe, dass ich viele wichtige Fragen beantworten konnte.

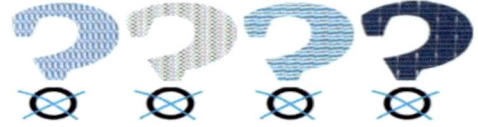

VIEL ERFOLG!